シリーズ【実像に迫る】019

筒井順慶

金松 誠

kanematsu makoto

戎光祥出版

はしがき

筒井順慶《つついじゅんけい》といえば、織田信長《おだのぶなが》が明智光秀《あけちみつひで》に裏切られて自害した本能寺《ほんのうじ》の変《へん》において、光秀方につくか、それとも羽柴秀吉《はしばひでよし》方につくか、洞ヶ峠《ほらがとうげ》で戦況を日和見《ひよりみ》したということで有名な武将である。いわゆる、「洞ヶ峠を決め込む」ということわざの語源となったエピソードとして知られている。二〇二〇年のNHK大河ドラマの主役は明智光秀であることから、クライマックスではこの場面が取り上げられるであろう。

ただし、これはあくまで後世の作り話が含まれており、すべてが史実ではない。後世の史料は当時の都合に合わせて脚色して、事実を歪曲《わいきょく》する傾向があり、順慶も例外ではなかった。『筒井諸記《つついしょき》』・『和《わ》州諸将軍伝《しゅうしょしょうぐんでん》』などはその最たるものである。言うまでもないが、同時代に記された古記録や古文書などのいわゆる「一次史料」に記述がなく、これらいわゆる「二次史料」にしか記されていない事柄については、信用するに足る裏付けが取れないため、歴史学的手法として史実とは認めがたいのである。

これまで、順慶の生涯を通史的に研究した代表的な学術書としては、籔景三氏の『筒井順慶とその一族』（新人物往来社、一九八五年）があげられる。籔氏は丹念に順慶の足跡をたどっており、その生涯を知るうえで、欠かすことができないものといえるが、残念ながら二次史料が多く用いられていることが課題として残った。

本書は、これら二次史料は論拠としては用いず、できる限り良質な史料のみを用いて、コンパクトさを保ちながらも、史実に近い筒井順慶像に迫ったものである。

筆者は、中世から織豊期にかけての大和の城郭を研究テーマとし、並行して当該期の大和国人などの研究も進めてきた。本シリーズでは、『松永久秀』（２０１７年）を執筆する機会をいただいた。『筒井順慶』についても、二〇〇四年に刊行された『筒井城総合調査報告書』（大和郡山市教育委員会）において、筒井氏や筒井城に関する論考を執筆するなど、浅からぬ縁があったことから、本書の執筆を快諾させていただいた次第である。

本書では、最新の研究成果を参考にしつつ、筒井順慶の実像に迫ることとしたい。

二〇一八年十一月

金松　誠

※本文中に注記する史料のうち、以下の史料集に収録されているものは、次のように略記する。

『戦国遺文 三好氏編』・文書番号→戦三～

『織田信長文書の研究』巻数・文書番号→信～

『豊臣秀吉文書集』文書番号→秀～

シリーズ【実像に迫る】019 筒井順慶 目次

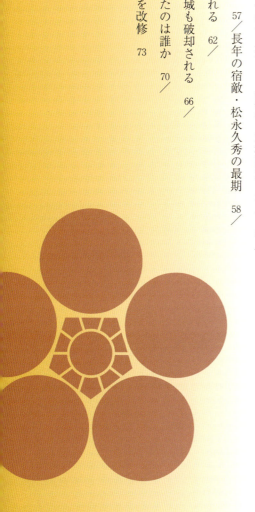

順慶が拠点とした城郭

▲絹本著色筒井順慶像■僧体の順慶を描いており、没後ほどなく、追善供養のために制作されたと考えられている　奈良市・伝香寺蔵

筒井城跡に残る遺構

筒井氏代々の居城となった筒井城は、奈良県大和郡山市筒井に所在する。平地に築かれた城館で、およそ南北四〇〇×東西五〇〇メートルと、大規模である。領有をめぐって、大和の国人らとたびたび争奪戦がくりひろげられた。現在、城跡は住宅地や畑地などになっている部分が多いが、ここでは残っている遺構を見ていこう。

▲筒井城跡空撮写真　国土地理院「地図・空中写真閲覧サービス」の写真に位置を加筆

▶①くい違い虎口

▲⑤外堀

▲④菅田比賣神社横を流れる堀

▲③内堀

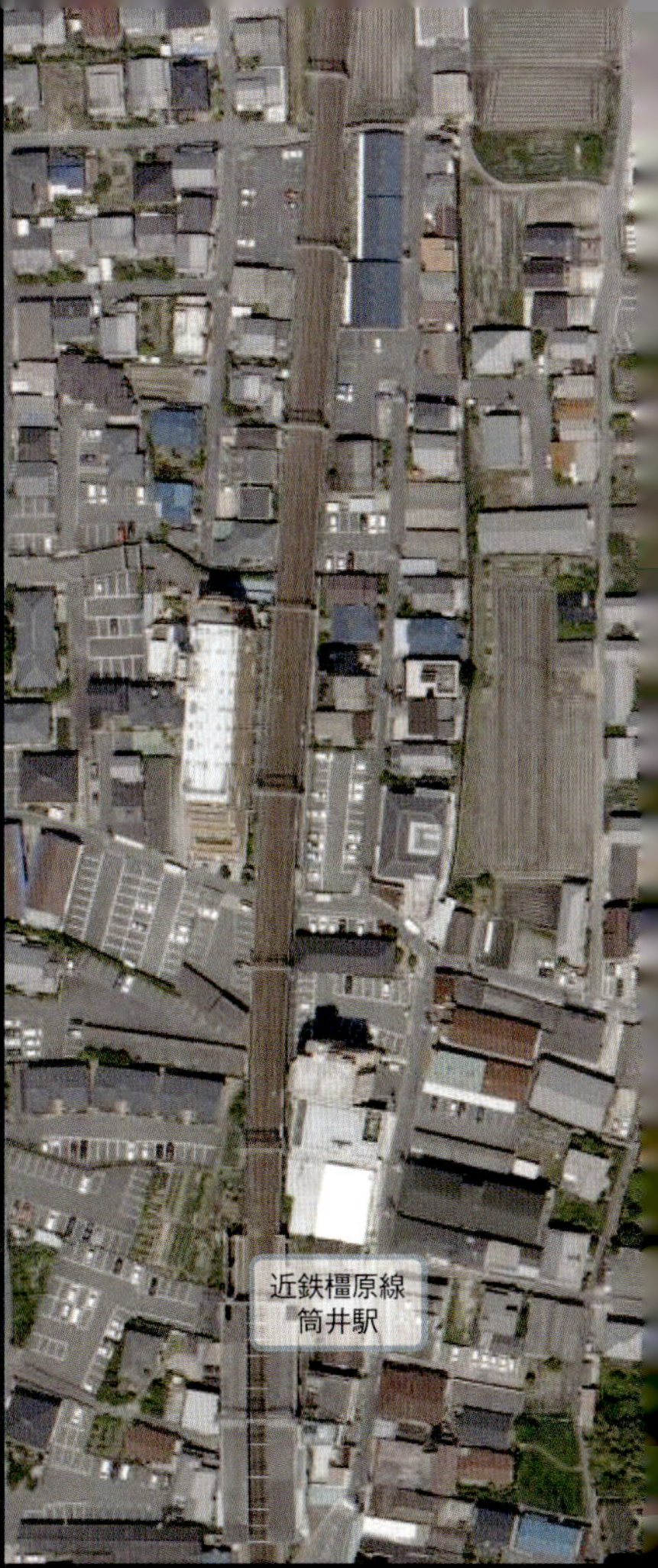

◀②城郭中枢部（シロ島）

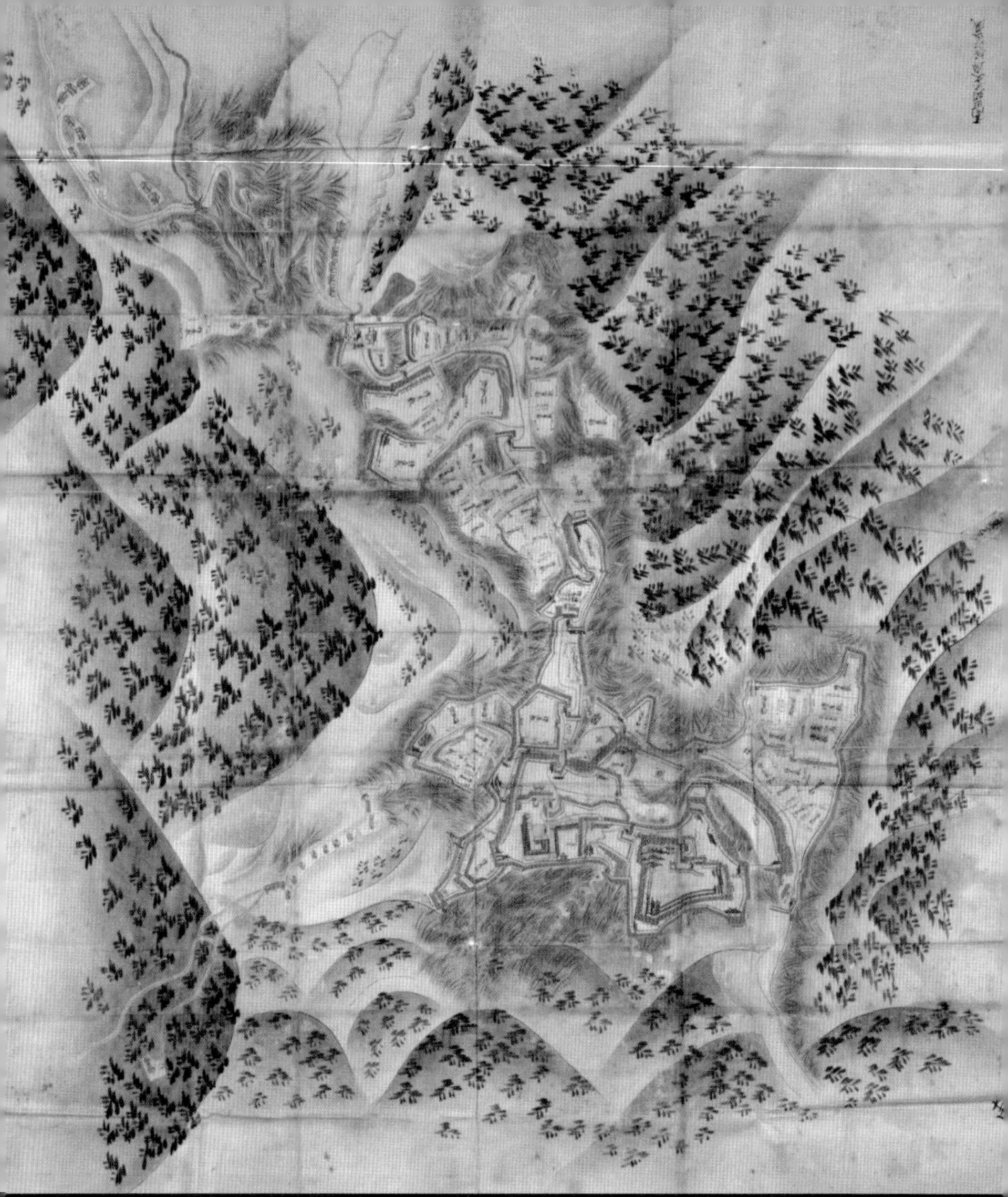

▲高取城絵図■越智氏によって築かれた山城で、天正８年（1580）の「大和一国破城」で破却されたが、天正12年に支城の整備を企図した順慶により復興された。文禄・慶長期頃に本田因幡守によって大改修されたと考えられ、明治初期まで大和国の重要な城として存続した。本図は、現存する高取城絵図のうち、最も古い様子を描いているとされる　高田郷土文庫蔵　写真提供：葛城市歴史博物館

第一部　宿敵・松永久秀との激闘

幼くして家督を継ぐも、家中の分裂に巻き込まれ、窮地に追い込まれるが、成長するにつれて頭角を現し、やがて、大和一国の覇権をめぐってライバル・松永久秀と死闘を演じていく。大和全土を揺るがした争乱のゆくえは⁉

筒井順昭画像■順慶の父で、周辺の有力国人たちを降し、大きな勢力を築いたが、病気により若くして亡くなった　奈良県生駒市・圓證寺蔵

第一章　家中の派閥争いに巻き込まれた幼少期

興福寺衆徒として活躍した筒井氏

中世の大和には守護が置かれず、興福寺《こうふくじ》が実質的にその権限を行使している。そして、筒井《つつい》氏は代々、大和国添下《そえじも》郡筒井城（大和郡山市）を本拠とする興福寺一乗《いちじょう》院《いん》方の衆徒《しゅと》で、基本的には代々、官符《かんぷ》衆徒（興福寺の衆徒の代表機関である二十名で構成された衆中《しゅうちゅう》）の地位にあった。その地縁的なつながりから、大和国中《くんなか》（大和盆地）北部の国人《こくじん》たちを中心に戌亥脇《いぬいわき》党を結成した。

確かな記録に名が見えるのは、十四世紀末～十五世紀前半にかけて活躍した順覚《じゅんかく》が初めとされる。以下、覚順《かくじゅん》・順弘《じゅんこう》・順永《じゅんえい》・順尊《じゅんそん》・順興《じゅんこう》・順昭《じゅんしょう》・順慶《じゅんけい》と続き、順慶が織田信長《おだのぶなが》の家臣となって大和一国を支配することになった。そして、順慶の跡を嗣いだ養子定次《さだつぐ》が伊賀へ転封されることにより、大和における筒井氏の歴史が幕を閉じたのである。

まずは、順慶の祖父・順興までの筒井氏の動向について概観してみよう。

至徳三年（一三八六）、順覚が官符衆徒の一員として初めて史料に現れる。応永

興福寺■法相宗の大本山で、藤原氏の氏寺でもあったことから力をもち、中世には実質的に大和の守護をつとめた。筒井氏をはじめ、大和の有力武士たちを衆徒として編成している　奈良市

二十九年（一四二二）に死去した、筒井舜学房と推測されており、その跡を継いだのは、孫の覚順とされる（安田二〇〇四）。永享元年（一四二九）に始まる、豊田《とよだ》中坊・井戸《いど》両氏の争いに端を発して他の国人衆も巻き込んだ大和永享《やまとえいきょう》の乱《らん》では、覚順は十市《とおち》氏らとともに井戸方に加担、豊田中坊方には越智《おち》・箸尾《はしお》らが味方している。覚順は乱の最中の同六年八月、戦死した。

覚順の跡を継いだのは、叔父順弘である。しかし、順弘と弟の*成身院光宣《じょうしんいんこうせん》との間で内紛が起こり、嘉吉元年（一四四一）十月、順弘は立野《たつの》氏を頼って没落した。その跡を継いだのは、順弘・光宣の弟順永である。順永は、順弘を支持していた大乗院門跡経覚《だいじょういんもんぜききょうがく》と激しく対立することとなった。その後も畠山義就《はたけやまよしひろ》・畠山政長《まさなが》

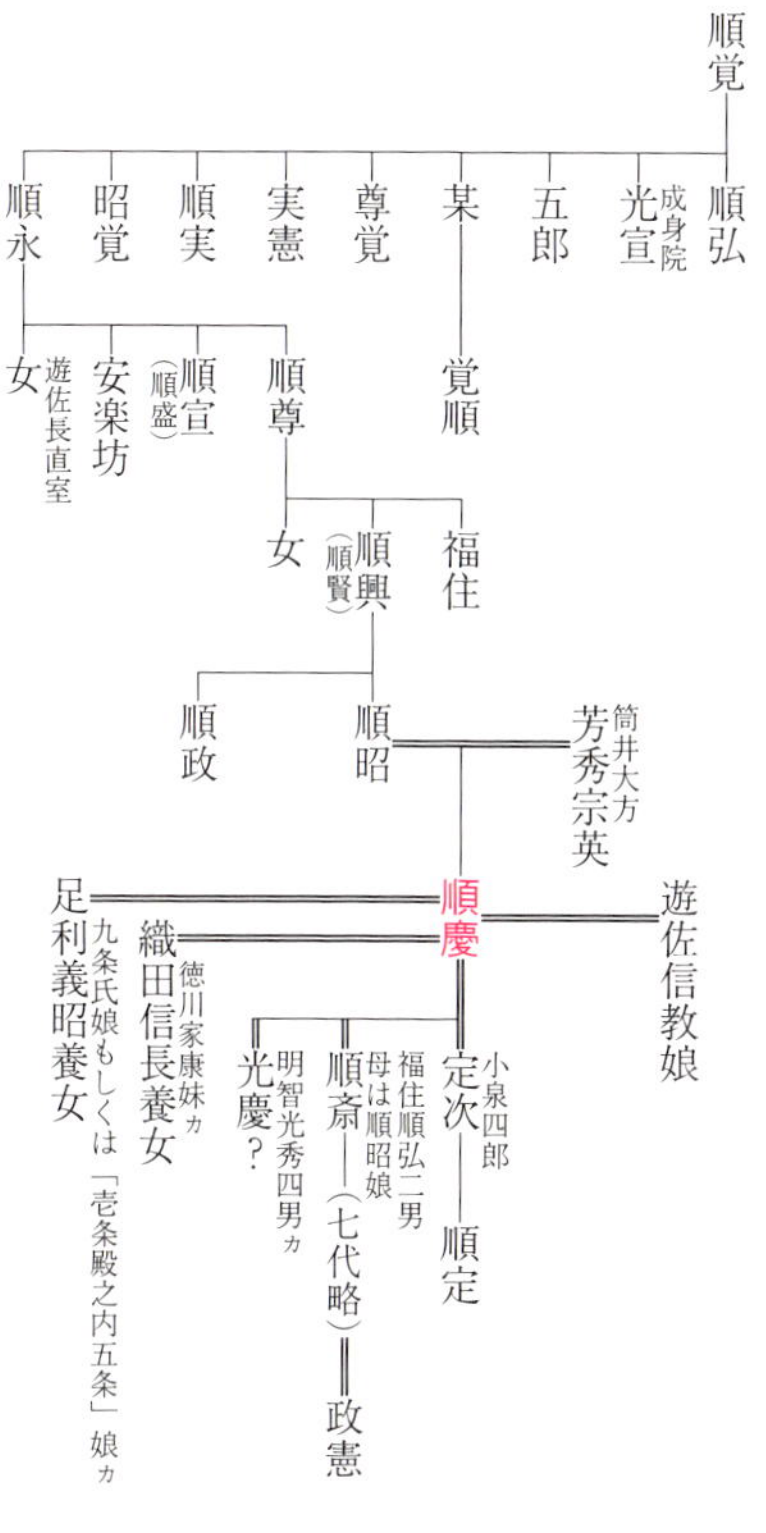

系図1　筒井氏略系図■安田2004所収「図1　筒井系図」などを参考に作成

＊成身院光宣■筒井順覚の子で、興福寺の子院・成身院の僧侶。大和永享の乱では、将軍足利義教に援軍を要請し、幕府軍の派遣が決定するなど活躍した。管領畠山氏で家督争いが起こると、畠山弥三郎・政長を支援するなど、大和国外での活動も目立つ。

畠山政長の墓■管領畠山氏の家督をめぐって義就と争い、応仁の乱勃発の要因のひとつを作った。筒井氏は箸尾・十市氏らとともに政長方に味方している　大阪市平野区

筒井順武画像■筒井氏の祖先とされる人物　奈良市・伝香寺蔵

の内紛、応仁の乱における大和争乱では政長方に味方し、越智方との抗争をくり広げた。文明八年（一四七六）四月、五十八歳で死去している。

順永の跡を継いだ順尊は同九年、義就に与《くみ》する越智氏の台頭により国中を追われ、以後、長きにわたって東山内《ひがしさんない》（大和高原）への没落の憂き目にあう。順尊は、筒井城への復帰と撤退を繰り返すも、長享三年（一四八九）七月二十二日、三十九歳で京都で死去した。その後しばらく、筒井氏は惣領が不在となるなか、明応六年（一四九七）に筒井方は越智方を破り、筒井城への完全復帰を果たした。

同八年十一月には、順興が惣領を継ぎ、叔父の成身院順宣《じゅんせん》が後見人となった。しかし、翌月には細川政元《ほそかわまさもと》の家臣・赤沢朝経《あかざわともつね》が大和に侵攻し、筒井方は没落してしまう。

一方、*古市澄胤《ふるいちちょういん》は朝経に味方し、大和国人衆と対立した。朝経の大和支配に危機感を持った大和国人衆は、永正二年（一五〇五）の朝経の大和侵攻に対抗するべく、

古市城跡■興福寺大乗院方の衆徒・古市氏の居城で、筒井氏との間でたびたび争われた。現在は小学校の校地などとなっている　奈良市

＊古市澄胤■古市胤仙の子で、興福寺の官符衆徒。応仁・文明の乱では畠山義就・越智家栄と結んで、筒井氏らと対立した。文化人としても知られる。

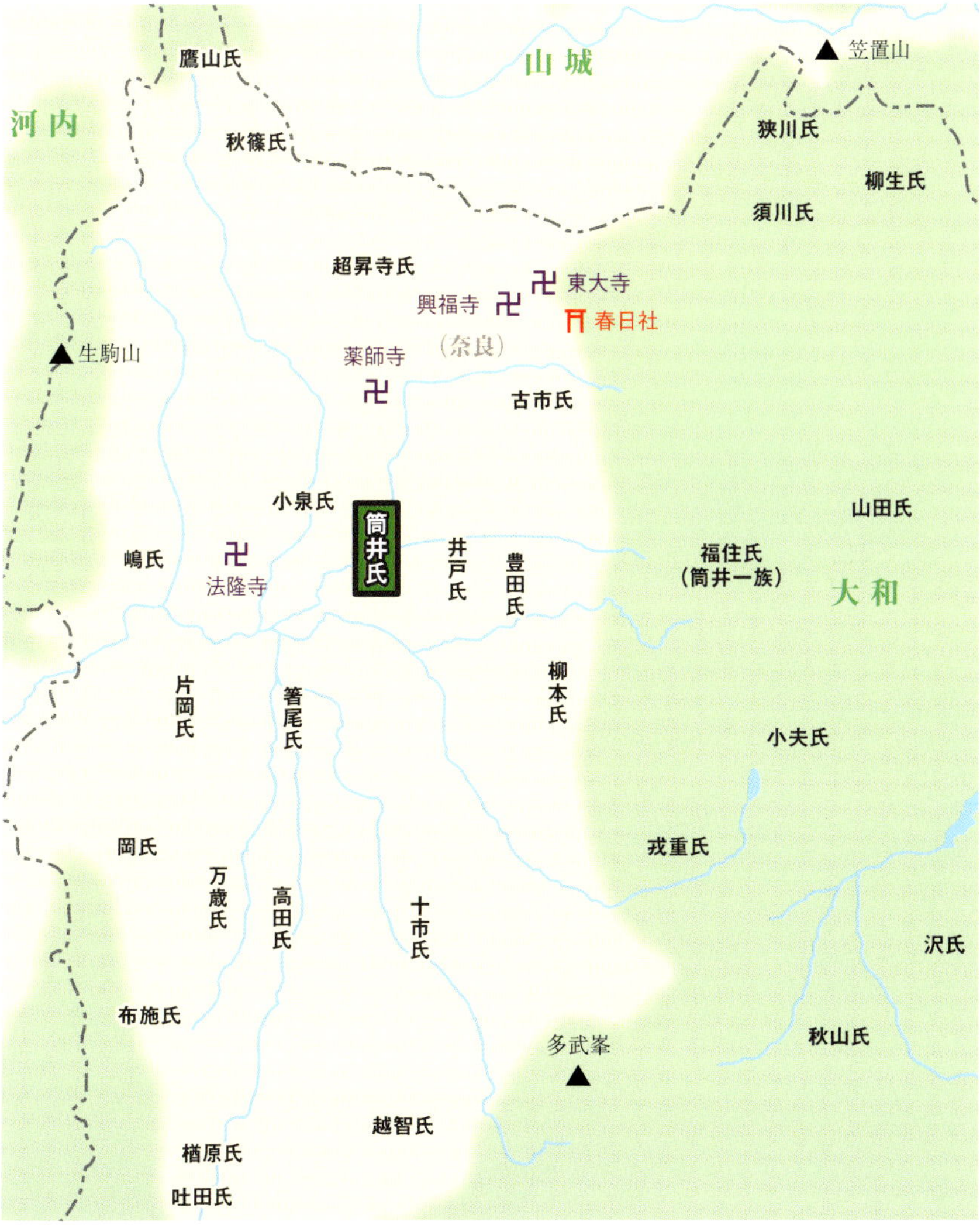

図１　大和の主要国人分布図

筒井方と越智方が和睦し、大和国人一揆体制を成立させる。大和国人一揆は、苦戦を強いられるも、同四年六月に主君細川政元の暗殺の余波を受けたことにより、朝経は出陣先の丹後で自害した。ついで、翌年七月に古市澄胤は畠山尚順《ひさのぶ》に攻められて敗死すると、朝経の養子長経《ながつね》も捕らえられ、八月に河内で斬首されている。明応末〜永正初年（一四九九〜一五〇八）の赤沢朝経・長経の大和侵入と、それに対抗すべく結成した筒井・越智両氏の和睦・国人一揆は、大和における戦国期の開始と評価されている（村田一九八五）。

順興は、永正十七年に成立した第二の国人連合期・相対的な安定期の後、享禄元年（一五二八）の細川晴元《はるもと》家臣・柳本賢治《やなぎもとかたはる》の大和侵攻、天文元年（一五三二）の天《てん》文一揆《ぶんいっき》などの外圧に対し奮闘するなどしたが、同四年七月に五十二歳で死去した。

■東山内・国中を統一した父順昭■

順慶の祖父・順興が死去した後、天文七年（一五三八）に十六歳となった藤松《ふじまつ》（のちの順昭）がその跡を継いだ（『二条寺主家記抜萃《にじょうじしゅけきばっすい》』）。

当時、細川晴元に重用されていた木沢長政《きざわながまさ》が、同六年七月の越智氏討伐を機に大和を軍事的に支配していたが、同十一年三月の長政の敗死後、順昭が台頭してゆく。同十二年四月、順昭は六千騎の軍勢を率いて東山内の須川城《すがわ》（奈良市）を攻め落とし、

貝吹山城跡■春日社国民・越智氏によって築かれ、領有をめぐって筒井氏と越智氏との間でたびたび争われた　奈良県高取町

（左ページ）（年未詳）卯月三日付け南肥後守宛て筒井順昭書状■順昭が南肥後守に新木庄を与えた文書で、領主としての順昭の姿を現す　京都市歴史資料館蔵

その帰途に古市方を攻め、古市城（同）を「自焼《じやき》」させた。ついで、同十三年七月、順昭は東山内の柳生《やぎゅう》城（同）を攻め落とす（『多聞院日記《たもんいんにっき》』）。そして、同十五年十月十日に筒井方は越智氏の貝吹山《かいぶきやま》城（高取町）を開城させた。『多聞院日記』同日条には、

貝吹之城桝《アツカキ》ニテ退散しおわんぬ、則ち跡へ嘉播殿・高田殿・八条以下五頭入れ置きテ、順昭陳払いシテ帰城せられおわんぬ、諸勢悉くもって引き退きおわんぬ、天然の仕合前生ノ戒行か、一国悉くもって帰伏しおわんぬ、筒井ノ家始テヨリ此くの如し例ナシト云々、

とある。順昭は越智氏を降したことにより、実質的に東山内・国中周辺の統一を果たしたといえよう。なお、順昭は九月十九日に十市氏を破り、翌日に十市《とおいち》城（橿原市）を受け取り、同十六年五月に箸尾氏の拠る箸尾城（広陵町）を破却している（『一条寺主家記抜萃』）。

このように、順昭は大和の有力国人であった古市・越智・箸尾・十市氏を降し、筒井家は全盛期を迎えたのである。

■順慶誕生と父順昭の死■

天文十八年（一五四九）、順昭の嫡男として順慶が誕生した。江戸時代中期の宝

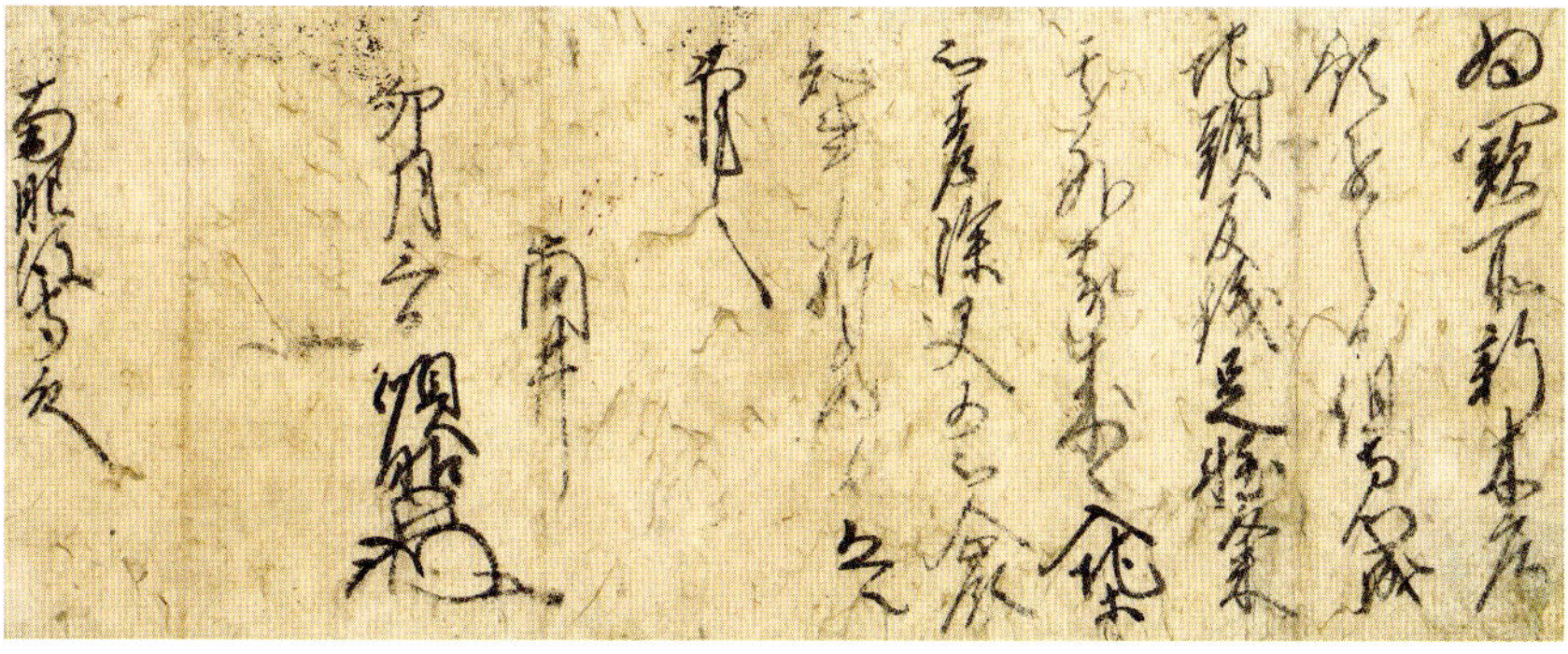

永四年（一七〇七）に刊行された『和州諸将軍伝《わしゅうしょしょうぐんでん》』では、同年三月三日生まれとする。『多聞院日記』永禄九年（一五六六）九月二十八日条には、「十八才」と記されており、当時は数え年であることから、逆算しても生年に矛盾はない。

順慶の母は、日野大納言資定《ひのだいなごんすけさだ》の娘（『寛政重修諸家譜《かんせいちょうしゅうしょかふ》』）、山田民部少輔順貞《やまだみんぶしょうゆうじゅんてい》の妹（『系図纂要《けいずさんよう》』）、山田道安《どうあん》の妹（『奈良坊目拙解《ならぼうもくせっかい》』）などと見えるが、いずれも後世に編さんされた史料のため、真相は不明である。『寛政重修諸家譜』によると、兄弟はなく、七人の姉妹がいるとするが、これも同様に鵜呑みにはできない。

順慶は、幼少期には藤勝《ふじかつ》と名乗った。順昭にとっては、待望の嫡男誕生であった。しかし、順慶が誕生してまもない四月二十六日、順昭は四・五人のみを引き連れ、近江坂本《さかもと》の比叡山延暦寺《ひえいざんえんりゃくじ》（滋賀県大津市）に入ってしまう（『多聞院日記』・『＊1享禄《きょうろく》天文之記《てんぶんのき》』）。『多聞院日記』によると、筒井城において、「或いハ光ル物多クアリト云う、或いハ狐人々悩ス」とあり、奇異な出来事が多くあったことから、順昭が「狂気《きょうき》」したのではないかと記されている。また、順昭は天文十五年九月に「もかさ」（天然痘《てんねんとう》）を患っていたとみられることから（『多聞院日記』）、その平癒・療養が目的であった可能性もある。

五月八日、南近江の守護六角定頼《ろっかくさだより》は順昭の重臣・八条藤政《はちじょうふじまさ》に対し、順昭の延暦寺居住に便宜を図っているので安心すべきであること、「同名《どうみょう》・与力《よりき》・被官中《ひかんちゅう》」に対し、大和国で異変が起きないよう、各々がよく相談することが肝要であること

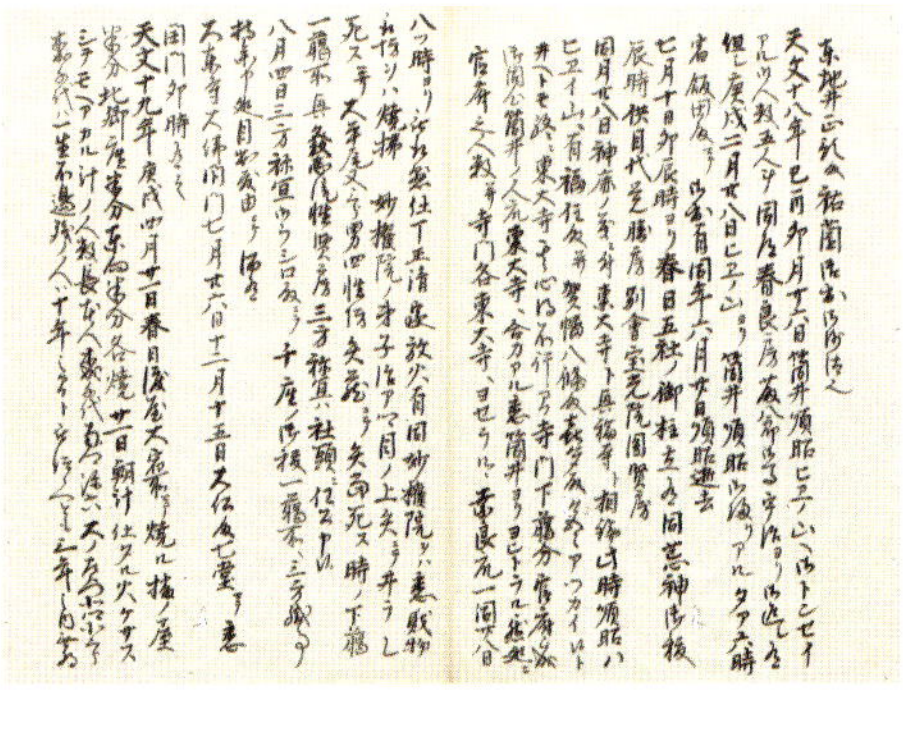

『享禄天文之記』天文十九年六月二十日条 ■五行目に「同年六月廿日順昭逝去」の文字が見える　国立公文書館蔵

＊1　享禄天文之記■興福寺（奈良市）の別当を務めた大乗院が所蔵していた記録。享禄五年（一五三二）から永禄十年（一五六七）にわたる記述がみられる。現在は国立公文書館の所蔵。

を申し伝えるよう要請している（「前田育徳会尊経閣文庫所蔵編年文書」）。

その後まもなくして、順慶に家督が譲られた。翌十九年に記録された『天文十九年衆中集会引付』（竹林家所蔵）正月十七日条には、「棟梁《とうりょう》藤勝殿」と記されている。

同十九年二月二十八日、順昭は十ヶ月ぶりに比叡山から帰国した。順昭は家臣の飯田方を宿所としたが、すでに順昭は病床に伏せており、六月二十日に死去した（『享禄天文之記』）。享年二十八の若さであった。

■順慶を後見した福住宗職■

父順昭の死後、幼少の順慶は当初、一族である「同名」の福住宗職《ふくすみむねもと》が後見し、「内衆《うちしゅう》」の嘉幡《かばた》対馬公・八条藤政・喜多興能《きたおきよし》らに支えられた。

天文二十一年（一五五二）二月二日、順慶は筒井氏の広域の詰城《つめのしろ》*2である椿尾上《つばおかみ》城（奈良市）で、わずか四歳で元服した（『天文廿一年之記』春日大社蔵）。これは、順昭の死による筒井家の不安定化を最小限に抑える措置であったといえる。

同年と推定される三月二十五日付けで、順慶および興能・豊田《とよだ》春賀・井戸《いど》藤辰がそれぞれ宇陀《うだ》郡の沢房満《さわふさみつ》に宛てた書状には、両者が懇意になり、良好な関係を保つよう誓約書を取り交わしている（「沢氏古文書」九―12・15・16・24）。興能以外の二人も、順慶を支える有力な内衆（被官）であったといえ、他の大和国衆との協力関係の強

【付記】元の木阿弥■いったん良くなったものが、再び元の状態に戻ることを意味する。これは、順昭の死を隠すために、木阿弥という盲目の者を影武者に立て、三年間順昭の在世を装った後、その後再び元の身分に戻ったという故事が由来とされているが、後世の創作である。

*2　詰城■最終拠点となる城郭。

筒井順昭の供養塔■筒井氏ゆかりの圓證寺本堂横にある総高二六〇・一㎝の五輪塔で、「順昭榮舜坊（梵字・四門）天文十九年庚戌六月廿日」の銘文がある。圓證寺はもともと奈良の地にあったが、昭和六十年に現在地に移転した　奈良県生駒市　写真提供：生駒市教育委員会

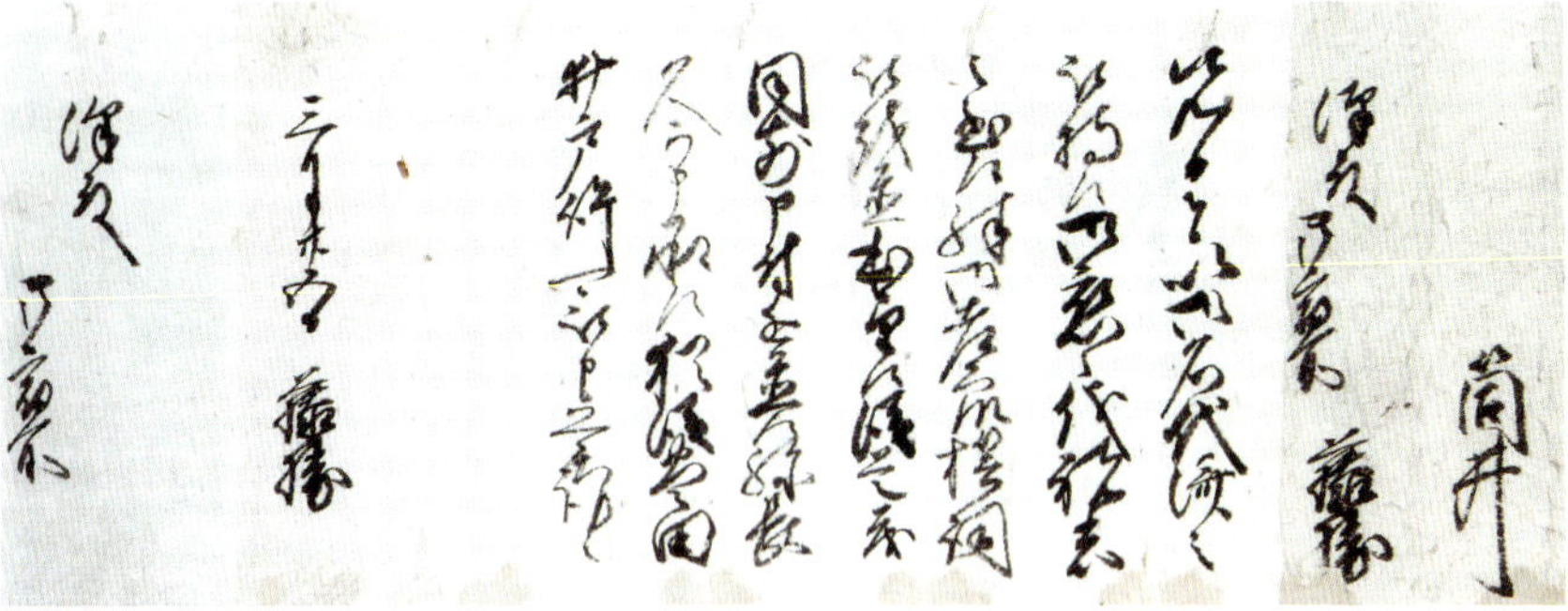

（天文21年ヵ）3月25日付け筒井藤勝書状■順慶が初名「藤勝」を名乗っていた頃に沢房満に宛てて出されたもの　「沢氏古文書」　国立公文書館蔵

化により、筒井家の安定化を図るうえで重要な役割を担ったものと考えられる。

また、同二十三年と推定される八月二十三日付けで、三好長慶《みよしながよし》が順慶に宛てた書状によると、順慶が和泉に援軍を送ったことに対し、長慶より謝意を伝えられている（「赤木康夫氏旧蔵文書」戦三・三九七）。このころには、順慶は三好方に属していたことがわかる。

弘治三年（一五五七）二月四日、順慶の叔父筒井順政《じゅんせい》が、「河州高屋《かしゅうたかや》」すなわち河内守護＊畠山高政《たかまさ》との間で祝言をあげた（『享禄天文之記』）。両者が三好方として結束を強めるために行われたものと考えられる。四月十三日、筒井氏と古市氏が和睦しているが、これは河内守護代遊佐《ゆさ》氏の内衆であった安見宗房《やすみむねふさ》の仲介によるものであった（『弘治三年之記（弘治三年丁巳正月以来御神事日記）』春日大社蔵）。

一方、大和国内における反筒井方との抗争も

高屋城跡■河内畠山氏の本拠で、高屋築山古墳を利用して築かれた。戦国期には畠山氏・安見氏・三好氏らの間で争奪戦がくり広げられ、天正三年（一五七五）に織田軍に落とされたのち、廃城となった　大阪府羽曳野市

＊畠山高政■大永七年（一五二七）生まれ。河内高屋城主。河内守護で、尾張守を称した。三好長慶・松永久秀・織田信長などと敵対・友好をくり返しながら、畠山家の存立をはかろうとした。天正四年（一五七六）十月十五日に病没した。

あった。四月二十五日、越智方が貝吹山城奪回の動きを見せたため、順慶は郡山《こおりやま》より陣立てし、越智方へ攻め入り、箸尾黒谷を本陣とした。これが順慶の初陣《ういじん》であった（『弘治三年丁巳之記』春日大社蔵）。翌日、順慶は貝吹山城へ陣替えし、五月十八日に貝吹山城より筒井城へ帰陣している（『享禄天文之記』）。

次に注目したいのは、松永久秀《まつながひさひで》との関係である。弘治三年と推定される十一月九日付けで、順慶が斎藤基速《さいとうもとはや》と久秀に宛てた書状案には、久秀らの丹波平定に対して祝意を伝えている（「町田礼助氏所蔵文書」戦三・四九四）。この時点では、後に宿敵となる久秀との良好な関係をうかがえる。

このように、内衆の協力により筒井家の安定化を図っていったが、幼少の順慶が家中をまとめるのは容易ではなかった。十二月二十四日、順慶は、椿尾上城から龍田《たつた》城（斑鳩町）へ退き、二十六日に安見宗房の拠る河内飯盛《いいもり》城（大阪府大東市・同四條畷市）へ入った（『享禄天文

三好長慶画像■畿内に大きな勢力を誇った戦国大名。順慶は一時長慶に味方することもあったが、畿内の複雑な政治情勢の下で長慶との対立が長く続いた　東京大学史料編纂所蔵模本

系図2　河内畠山氏略系図

満家―持国―義就……（以下略）
満家―持富―弥三郎
持富―政長―稙長
政長―長経
政長―政国―高政
政国―政尚
政国―秋高
政長―晴熙

越智城跡■越智氏の居館跡と伝わる　奈良県高取町

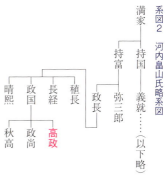

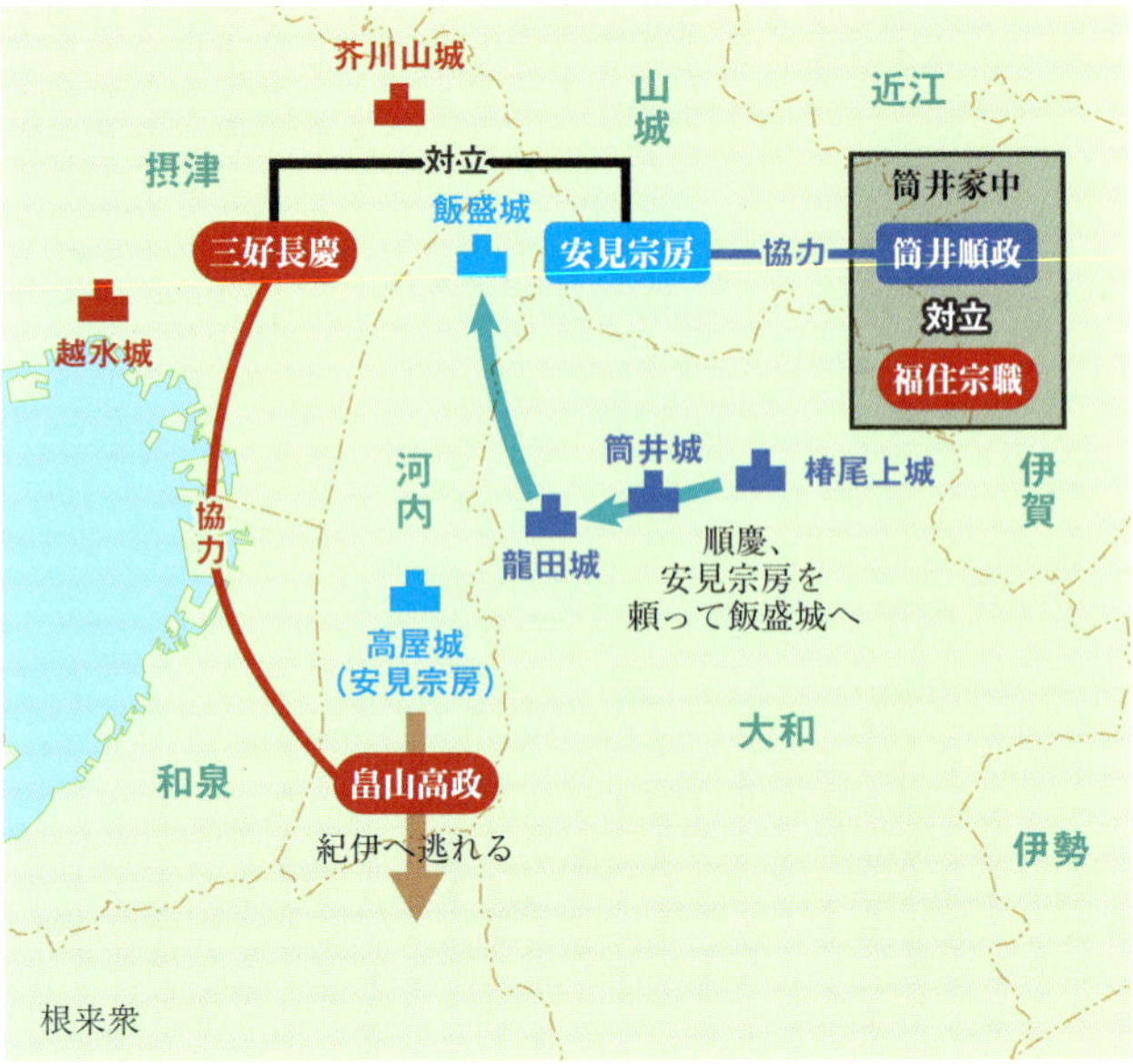

図2　摂津・河内・和泉・大和勢力図　※中世の海岸線は確定できないため、現在の地図を用いて作図した。以下同

之記』・『弘治三年丁巳之記』）。これは、内衆・与力衆から追われたことが原因であった（『寺《じ》辺《へん》之《の》記《き》』東京国立博物館蔵）。

このころ、筒井家は興福寺の寺門や衆中の意向を尊重する福住宗職の派閥と、河内の勢力と結びつこうとする筒井順政の派閥に分かれていたとされており（幡鎌二〇〇一）、順慶は前者の派閥からの圧力に屈したものとみられる。

安見宗房は、主家の遊佐氏の家督者が幼少であったことから、実質的に河内守護代家の権力を掌握しており、このころには河内守護畠山高政と対立するなど、河内の最有力者でもあった。永禄元年（一五五八）二月二十一日、順慶は飯盛城から宗

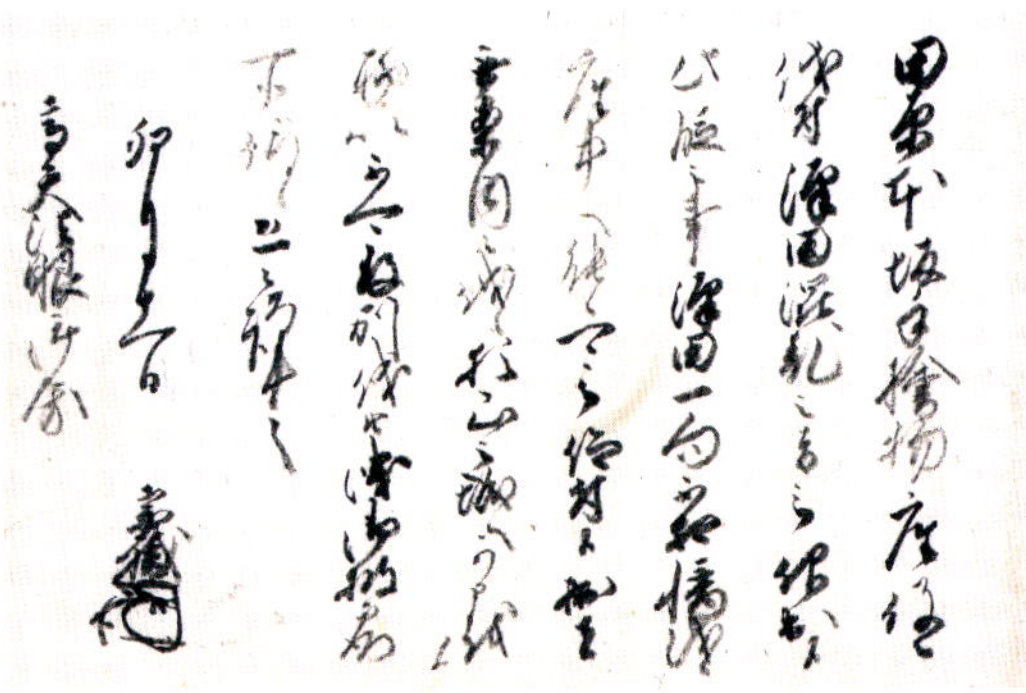
（年未詳）卯月十一日付け高天法眼御坊宛て福住宗職書状■興福寺一乗院が領する坂手の檜物座の座役を筒井家臣・澤田氏が違乱したため筒井氏に訴え、順慶を補佐する福住宗職が返答している「一乗院文書」京都大学総合博物館蔵

房とともに奈良に入り、春日社を参詣した（『享禄天文之記』）。ここに順慶は、宗房の後ろ盾を得て、大和への復帰を果たす。これにより、福住宗職の勢力は衰退し、代わって叔父順政が順慶の後見役を担うようになったようである。

十一月十九日、順慶は河内において故・遊佐長教《ながのり》の娘のもとへ婿入りし、二十日に帰国した（『享禄天文之記』）。この婚姻は、もちろん宗房の意向によるものといえよう。ここに、大和と河内の最大勢力同士の同盟が正式に成立した。それから時を経ずして、三十日には畠山高政が高屋城（大阪府羽曳野市）から退き、紀伊へ出奔している。

このころ、順政は宗房とともに東大寺法華堂《とうだいじほっけどう》・中門堂《ちゅうもんどう》の堂衆と学侶の仲裁を行っている（年月日欠「両堂夏供之替地収納帳」『宝珠院文書』四函四十一号　京都大学総合博物館蔵）。このとき、順政は「官符順政」と称されていることから、官符衆徒の地位にあり、実質的に筒井氏を指揮していたことがわかる。同二年六月、宗職が出家するに至り（「舟橋家文書」）、筒井家における権勢は確実なものとなった。

しかし、まもなく順慶・順政を支援する安見宗房と、畠山高政を支援する三好長慶の間で軍事的緊張が高まり、順慶は大和・河内を中心とした両者の抗争に巻き込まれていくことになる。

飯盛城跡■飯盛山に築かれた山城で、三好長慶の居城。石垣や竪堀などの遺構が残る　大阪府大東市・同四條畷市

第二章 大和をめぐる松永久秀との抗争

筒井城落城

永禄二年（一五五九）八月四日、河内の不安定化を危惧した三好長慶は、主君の畠山高政を追放した安見宗房を高屋城に攻めて、飯盛城に追いやった。そして、紀伊に逃れていた高政を高屋城に迎え、勢いに乗った三好方は、宗房と同盟関係にあった順慶を討つべく松永久秀を派遣し、大和への侵攻を開始した。

『享禄天文之記』永禄二年八月条には、

同六日筒井平城落ル、山ノ城へ上ル、、
松永弾正殿、戊亥脇超昇寺殿筒井ノ平城へ案内者トシテ本陣ニトル、

とある。八月六日、久秀は超昇寺《ちょうしょうじ》氏を案内者として大和に侵入し、筒井城を攻め落とし、筒井城を本陣としたのだ。そのため、筒井順政はやむなく「山ノ城」、すなわち椿尾上城へ退き、筒井郷はことごとく放火された（『永禄二年之記（永禄二年巳未恒例臨時御神事記）』春日大社蔵）。これにより、筒井城は松永方の手に渡り、一時的に本陣として利用され、筒井方は東山内へ没落、順政・順慶は以後、椿尾上城

筒井城跡の碑■奈良県大和郡山市

を拠点に活動する。久秀のもとでは、筒井城には水尾《みずお》和泉守が入れ置かれた（『兼右卿記《かねみぎきょうき》』同年十二月二十一日条）。

筒井城の構造

筒井城は、大和郡山市筒井に所在する。南北約四〇〇m、東西約五〇〇mを測る大和最大級の平城である。近鉄橿原線筒井駅から徒歩約五分で到着する。

筒井城がはじめて史料に現れるのは、永享元年（一四二九）十一月（『満済准后日記《まんさいじゅごうにっき》』）だが、発掘調査により、十四世紀中頃には幅八mの堀や、それに付随する土塁などの遺構が検出されていることから、この頃にはすでに城郭として機能していた可能性が高い。

筒井城は現在、宅地・畑地・水田などになっているが、堀跡が点在して残っている。城郭中枢部は発掘調査により、内部は堀で区画されていたことが判明している。城郭中枢部へは、南西隅から直角に二回折れる

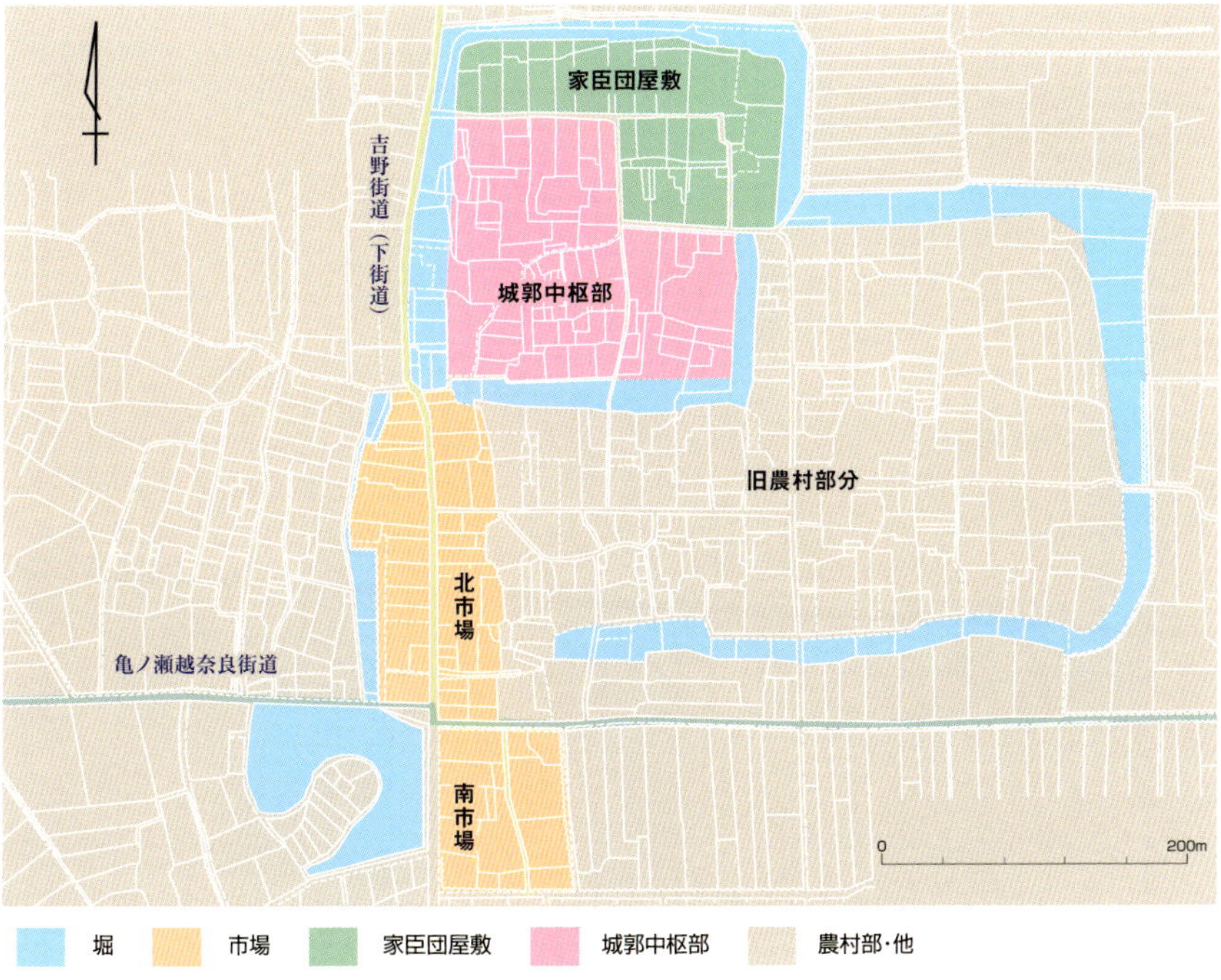

図3　筒井城概念図■原図：山川均氏

くい違い虎口となっている細い里道を通って入る構造となっている。

城郭中枢部中央は「シロ畠」と伝えられ、一段高くなっている。なお、永禄二年（一五五九）の松永久秀方による筒井城攻めの際に放たれたとみられる鉄砲玉が、堀法面《のりめん》から出土している。

城郭中枢部東側は現在、菅田比賣神社《すがたひめ》となっており、東辺に内堀跡が現存している。シロ畠の北側には、家臣団の屋敷地と思われる大型の宅地が集中している。吉野街道沿いには、小字「北市場」・「南市場」があり、市場が設けられていた。

十六世紀中頃には、南側の農村部分も城内に取り込み、外堀で全域を囲い込むようになったと考えられている（山川二〇一五）。

■椿尾上城の構造■

椿尾上城は、奈良市北椿尾町に位置する。東山内と国中の境の稜線上に立地し、五ヶ谷経由で国中の筒井と東山内の福住（天理市）を結ぶ生命線ともいうべきルートを確保するために、築かれたものとされる。筒井城の詰城という枠を越えて、広域の勢力圏である「筒井郷」全体の詰城で、なおかつ政庁的な機能も備えた居城となり、永禄・元亀年間の松永方との戦いの際は、国中への出陣の拠点として重要な役割を担った（村田一九八五）。

菅田比賣神社横の堀

椿尾上城の堀切A■奈良市

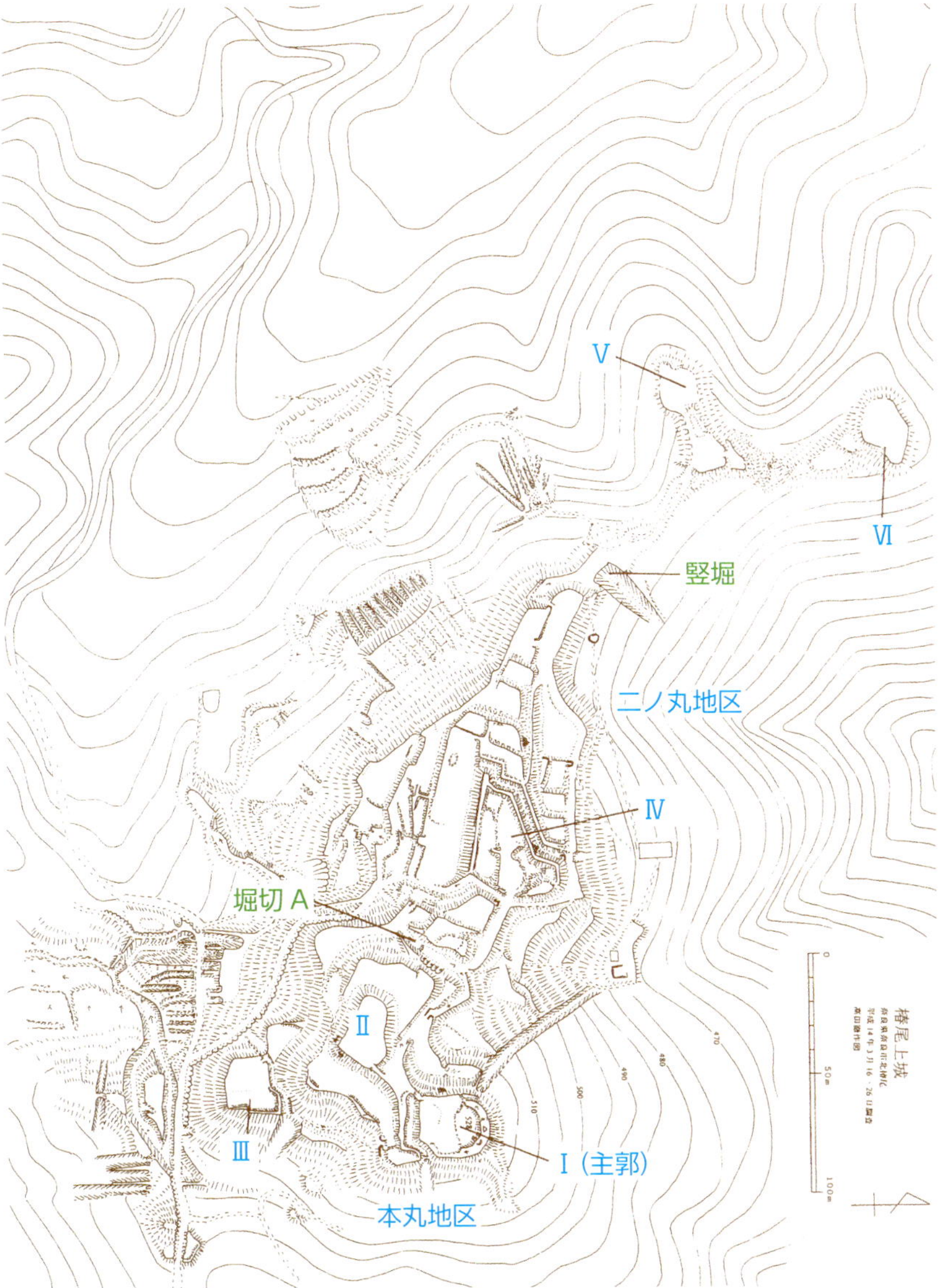

椿尾上城縄張り図　作図：高田徹氏

文献史料上の初見は、享禄四年（一五三一）である。永禄二年（一五五九）、松永久秀の大和侵攻によって筒井城を追われた順慶は、椿尾上城に拠点を移した。元亀二年（一五七一）八月に筒井城に完全復帰して以降は、次第に役割を弱めていったと考えられる。

堀切Aを境に東側が本丸地区、西側が二ノ丸地区とつたわる。

本丸地区は、Ⅰ郭やⅢ郭で土塁、横堀が一部で用いられているにすぎず、地形に沿った曲輪配置となっている。畝状《うねじょう》空堀《からぼり》群は堀切・横堀と連動しながら、緩斜面の足場を潰すように設けられている。

二ノ丸地区は、Ⅳ郭において北辺土塁の外側の各所に石垣が築かれ、直線を主とする整形の行き届いたプランで、折れが設けられている。周辺には段状の広い空間が広がる。畝状空堀群は横並びに整然としている。

本丸地区は天文十年代初頭、二ノ丸地区は元亀年間の縄張りとされている。松永久秀との抗争期においては、前者が従来からの政庁的な空間、後者が筒井城を追われた際に整備された軍勢の駐屯地として機能していたと考えられる。

椿尾上城の畝状空堀群■畝状空堀群は、城を防御するため曲輪の斜面に三つ以上の竪堀をならべたもの　写真提供：髙田徹氏

■大和における松永方との抗争と叔父順政の死■

松永久秀は、永禄三年（一五六〇）七月に井戸《いど》城（天理市）、十一月には万歳《まんざい》城（大

和高田市）・沢城《さわ》（宇陀市）・檜牧城《ひのまき》（同）を攻め、いずれも開城させるなど、葛城《かつらぎ》地域や口宇陀《くちうだ》盆地へもその勢力を拡大させていった（『細川両家記《ほそかわりょうけき》』）。これにより、久秀はついに大和一国をほぼ手中に治め、大和と河内の境にそびえる信貴山《しぎさん》城（平群町）を居城としている（『足利季世記《あしかがきせいき》』）。同四年には、南都《なんと》に多聞山《たもんやま》城（奈良市）を築いた（『二条寺主家記抜萃』）。奈良中心部に城を築いたことにより、ここに、政治的にも久秀の本格的な大和支配がはじまったといえよう。

ここで、多聞山城の構造を簡単に説明しておきたい。普請面は、丘陵のほぼ四周を横堀で囲い込み、要所に土塁と櫓台を配した単郭構造を主体としている。その点は特筆すべきだが、虎口《こぐち》（城郭の出入り口）はやや技巧性に欠けているため、戦国期城郭の域は超えていない。なお、石垣は確認されていないが、天正七年（一五七九）八月一日に筒井城へ「多聞山ノ石」が運ばれていることから（『多聞院日記』）、存在していたのは確かなようである。

一方、作事《さくじ》面では、本丸に会所《かいしょ》*1・主殿《しゅでん》*2・庭園が備わっていた。また、諸史料からは、将軍御所プランに基づく伝統的な館が形成されていたこと、四階櫓を設けていたこと、瓦を葺いた礎石建物を備え、内装を豪華絢爛にしていたことなどが明らかになっている。さらに、軒瓦《のきがわら》の分析によると、寺院用の瓦を転用したものは少なく、大半が多聞山城専用の瓦として造られていたとされる。以上から、普請面とは異なり、作事面では戦国期城郭の最高到達点を示していると評価できる。また、特筆す

*1　会所■天皇の行幸や遊興的な行事など公私の会合を開催した区画、またはその建物のこと。

*2　主殿■屋敷のなかでもっとも主要な建物のこと。儀式・行事を催した寝殿などをいう。

椿尾上城の石垣■写真提供：高田徹氏

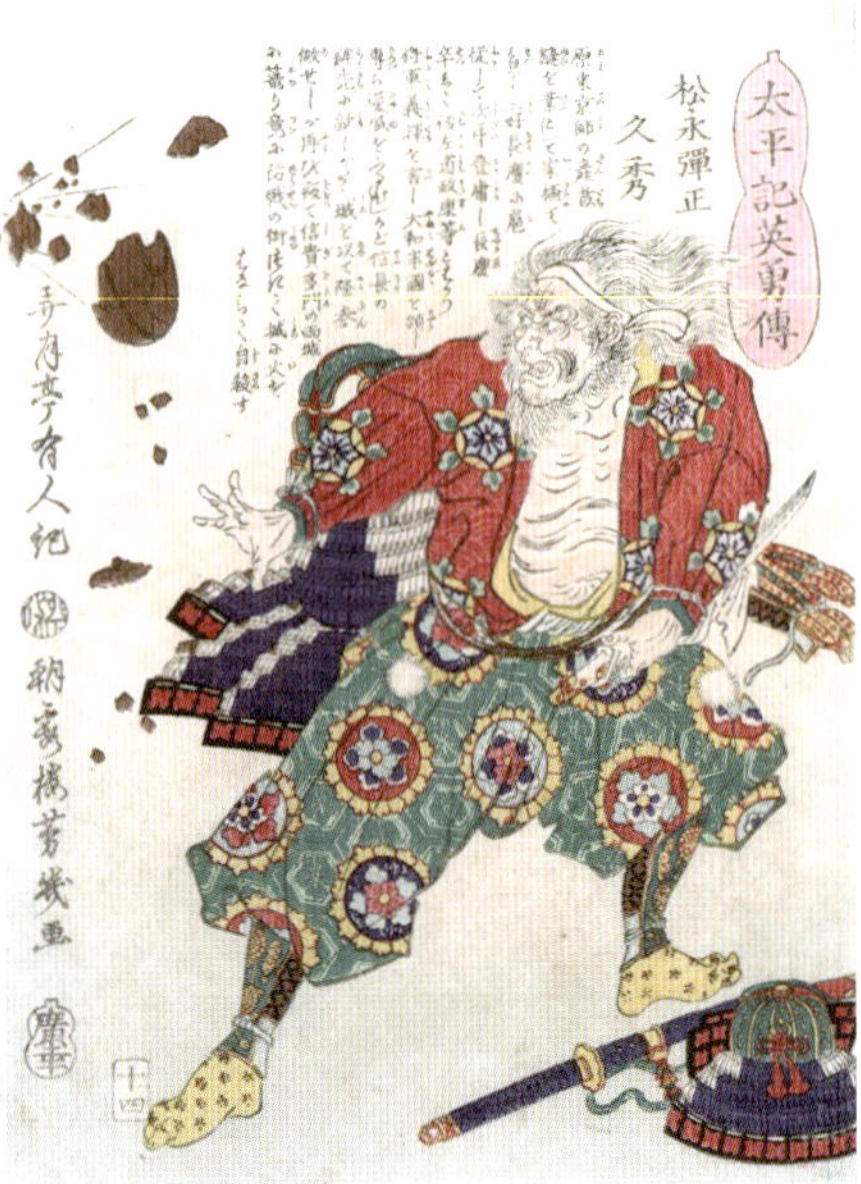

『太平記英雄伝』に描かれた松永久秀■三好家の家臣として身を興し、三好長慶の信を得て大和に勢力を扶植。のちに織田信長に味方するも、たびたび離反した。本図は久秀の最期を描いたもの　個人蔵

べきこととして、天正五年に多聞山城が解体されると、近世城郭の先駆けとなる織田信長の居城・安土《あづち》城（滋賀県近江八幡市）に四階櫓が移築されている（「岐阜市歴史博物館所蔵文書」）。ここからしても、多聞山城が信長やその後の城郭に与えた影響は小さくなかったといえるだろう。

さて、多聞山城を築き、大和支配を本格化させた久秀の大和制圧は以後も続く。まず、永禄五年五月二十日から二十四日にかけて、大和の十屋《とおや》・西手掻《にしてがい》・広岡《ひろおか》郷・筒井郷・十市《とおいち》郷・片岡《かたおか》郷・宿井藤坊を次々に焼き払い、二十五日には矢田《やた》寺《でら》（大和郡山市）と諸坊を焼き払うと、さらに東明寺《とうみょうじ》・松尾《まつお》・平群谷《へぐりだに》・生駒谷《いこまだに》を焼

系図3　松永久秀略系図

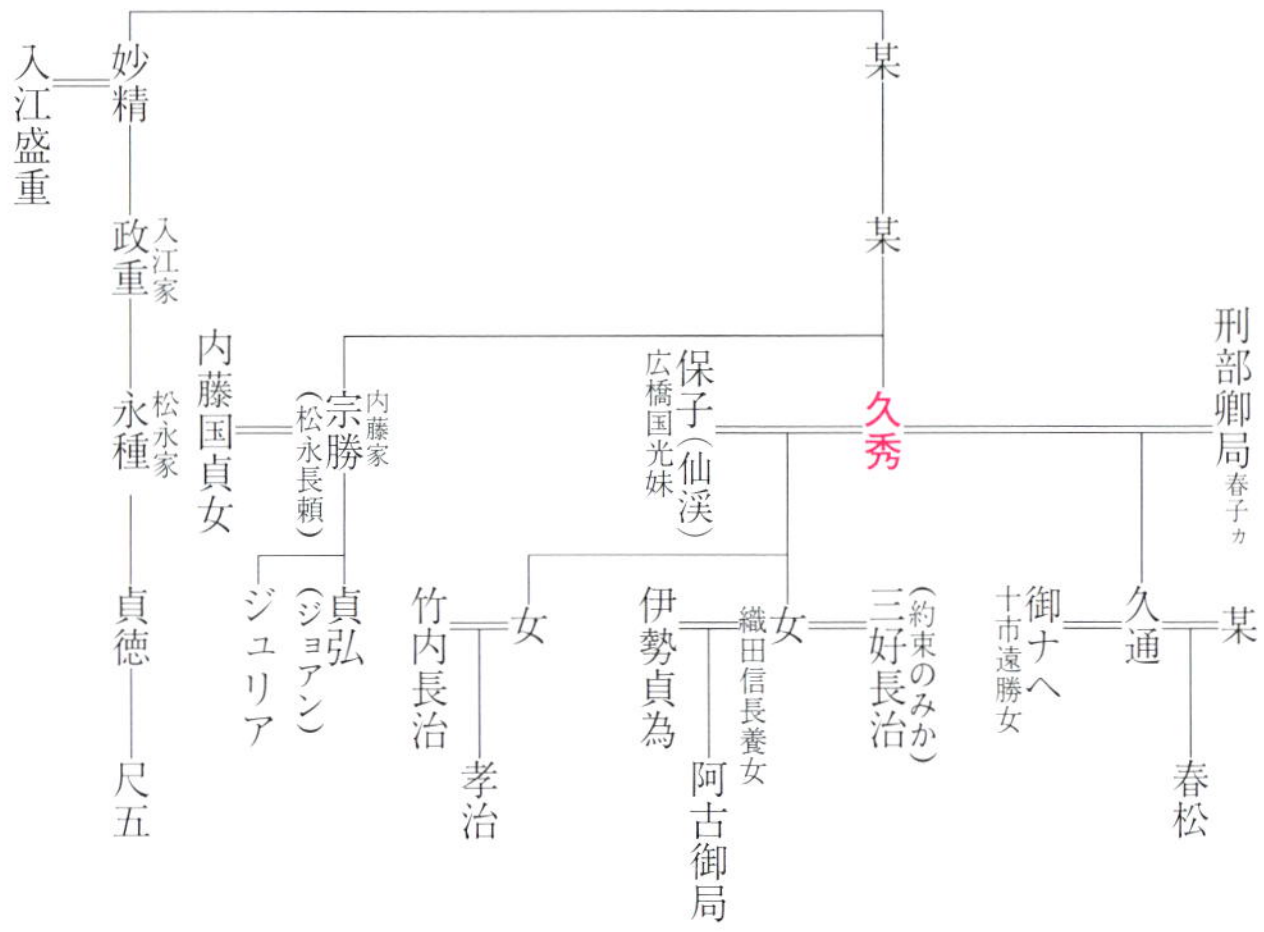

いている。また、二十八日には久秀は秋山《あきやま》氏の援軍として釜口《かまぐち》（天理市）へ出陣したところ、井戸氏が久秀方へ加わり、人質を提出してきた（『享禄天文之記』）。七月になると、松永方の箸尾氏が伴堂《ともんど》城（田原本町）・金剛寺《こんごうじ》城（同）を破却し、箸尾城が再造されている（『二条寺主家記抜萃』）。

一方、筒井方も国中復帰のために椿尾上城からたびたび出陣し、松永方と合戦をくり広げているので、以下に列挙してみよう。

・同二年十月二十二日……「筒井衆山ノ城」より出陣し「横井」を焼き払い、松永方の郡山辰巳《こおりやまたつみ》氏らと戦う（『享禄天文之記』）。

・同三年四月二十五日……「筒井衆山ノ城」より出て、「一ノ院」において蔵物米などを取り、その他馬などを取って、ことごとく打ち殺す（『享禄天文之記』）。

・七月二十四日……「筒井山ノ城」より打ち出て「踊田」へ取りかかったが、松永方に敗れる（『享禄天文之記』）。

・同五年二月二十二日……筒井順政が「菩提山」まで出陣し、夜に「山ノ城」へ帰る（『享禄天文之記』）。

しかし、いずれも松永方に決定的なダメージを与えるまでにはいたらなかった。だが、同六年四月頃までに、筒井方は信貴山城を陥し入れている。経過を追うと、四月二十日に筒井方は信貴山城に三百ほどの兵を入れ、翌日には千五百の軍勢を

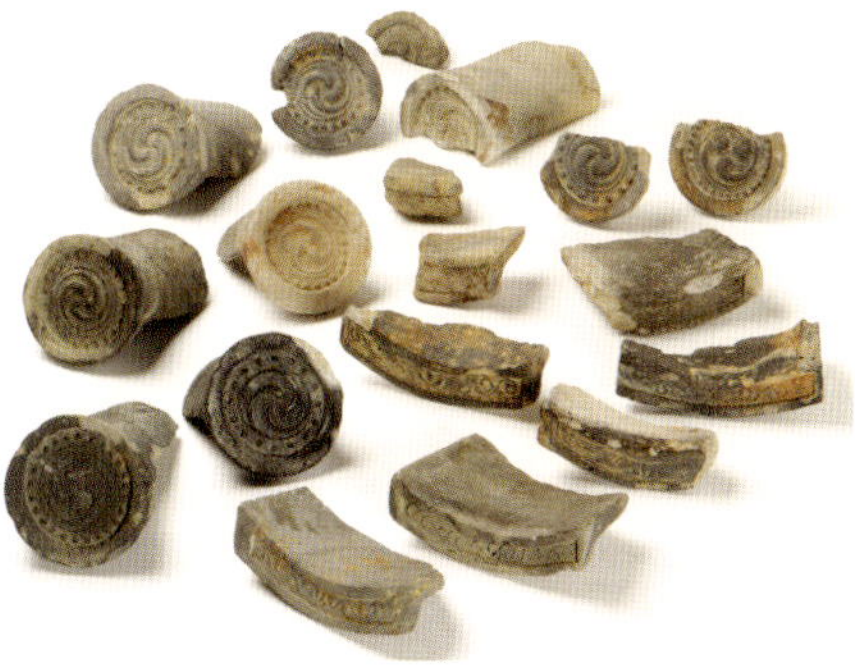

多聞山城跡から出土した軒瓦■奈良市教育委員会蔵

もって松永方の反攻に備えている。

だが、筒井方による信貴山城支配は長くは続かない。早くも五月二十四日には内部で寝返りが発生してしまい、松永方が「信貴山本ツフ七時焼落」とし、信貴山城を奪還されてしまう。さらに、松永久通《ひさみち》により二十九日には小泉城《こいずみ》（大和郡山市）が攻められ、「筒井方与力小泉殿・立田殿・夕崎・エンハ・今中殿・蟻介・窪殿・標《（楢カ）》原殿・筒井ノ山田殿・栗本・西ノ京喜多院」などが討ち死にするなど、筒井方と松永方の争いは一進一退を繰り返す（『享禄天文之記』）。

こうしたなか、同七年三月十九日には筒井順政が和泉堺（大阪府堺市）で死去してしまう（『興福寺年代記』・『多聞院日記』天正八年三月十日条）。実質的に筒井家のかじ取りを担っていた順政の死は、再起を図る筒井方にとって大きな痛手であった。これにより、十六歳の順慶は名実ともに筒井家の惣領となり、この難局に立ち向かっていくことになる。

永禄の変と三好家の内紛

筒井順政の死により、三好・松永方の優位がさらに高まるはずであったが、三好家にもまもなく、同様の事態が訪れることとなる。永禄七年（一五六四）七月四日、三好長慶が飯盛城で病没してしまったのだ。享年四十三という。これにより、先に

多聞山城跡東端の堀切■南側から撮影　奈良市

＊三好義継■十河一存の子で、三好長慶の嫡男・義興が早世したことにより長慶の養子となり、長慶の後をうけて三好家当主となった。やがて、松永久秀・三好三人衆・織田信長らと対立をくりかえし、天正元年（一五七三）に信長配下の佐久間信盛に攻められ、自害。

家督を継いでいた長慶の養子・*三好義継《よしつぐ》が政権を担うこととなり、松永久秀・三好長逸《ながやす》らが補佐していくこととなった。

そして、翌八年五月十九日に大事件が発生する。義継・長逸・松永久通らが約一万の軍勢を率いて、将軍足利義輝《あしかがよしてる》の二条御所を包囲し、義輝を自害に追いやったのだ。ちなみに、このとき久秀は、多聞山城にて義輝の弟で興福寺一乗院門跡であった足利義昭《よしあき》（当時は覚慶《かくけい》。以後、義昭で統一）を保護下に置いていた。そのことについては、義昭がみずから久通に対して書状で伝えている（「円満院文書」戦三・一一五三）。

ところで八月二日、久秀の弟で丹波に勢力を持っていた内藤宗勝《ないとうそうしょう》（松永長頼《ながより》）が丹波黒井《くろい》城（兵庫県丹波市）の荻野直正《おぎのなおまさ》と激戦をくり広げた末、敗死してしまう。十月には丹波の波多野元秀《はたのもとひで》らが直正に応じて山城長坂口《ながさかぐち》（京都市北区）へ出陣してきたが、久秀は配下の竹内秀勝《たけうちひでかつ》を派遣して撃退した。

しかし、これをきっかけに大和国内は混乱状態に陥っていく。このとき、秋山・小夫《おおぶ》両氏が多武峯《とうのみね》と申し合わせて久秀を裏切り、これに合わせて東山内へは山田氏が、南へは郡山・超昇寺衆が出陣し、反松永方の大和国衆たちが多聞山城包囲網を形成したのである。これに対し、久秀は波多野討伐から帰陣した秀勝をすぐに釜口へ出陣させ、小夫氏の本拠・小夫郷（桜井市）を焼き払い、城を落として最悪の事態は免れた（『多聞院日記』）。

足利義輝画像■京都市立芸術大学芸術資料館蔵

足利義輝の御所跡■京都市中京区

こうしたなか、「国中心替衆数多これ在り」という状況となり、順慶は十一月十八日に布施《ふせ》城（葛城市）に入っている（『多聞院日記』）。

筒井と松永の抗争は十二月になっても続く。松永方の井戸氏が筒井方に寝返ると、十四日夜に筒井方の軍勢を井戸城に招き入れた（「日本学士院所蔵文書」戦三・一二一七）。そして十五日には、井戸氏が松永方の古市郷（奈良市）を焼き払っている。これに連動するかたちで、筒井方の中坊駿河《なかのぼうするが》が十九日に二千の軍勢を率いて井戸城へ入った。ついで「河州・山城口」へと出陣し、南山城の相楽《そうらく》（京都府木津川市）に陣取っている（『多聞院日記』）。

さらに順慶は、三好家中の混乱に乗じ、同年十一月に久秀との関係を絶った三好三人衆*（三好長逸・三好宗渭《そうい》・石成友通《いわなりともみち》）と誼《よしみ》を通じた。そして十二月二十一日、三人衆は河内から三千の軍勢を率いて多聞山城の軍勢と対峙したが、二十六日に退いている（『多聞院日記』）。

ここに、順慶は三好義継・三人衆を味方につけ、久秀に対抗していくこととなったのである。

筒井城奪還作戦

永禄九年（一五六六）二月、順慶は筒井城の奪還に向けて動き出す。六日、松永

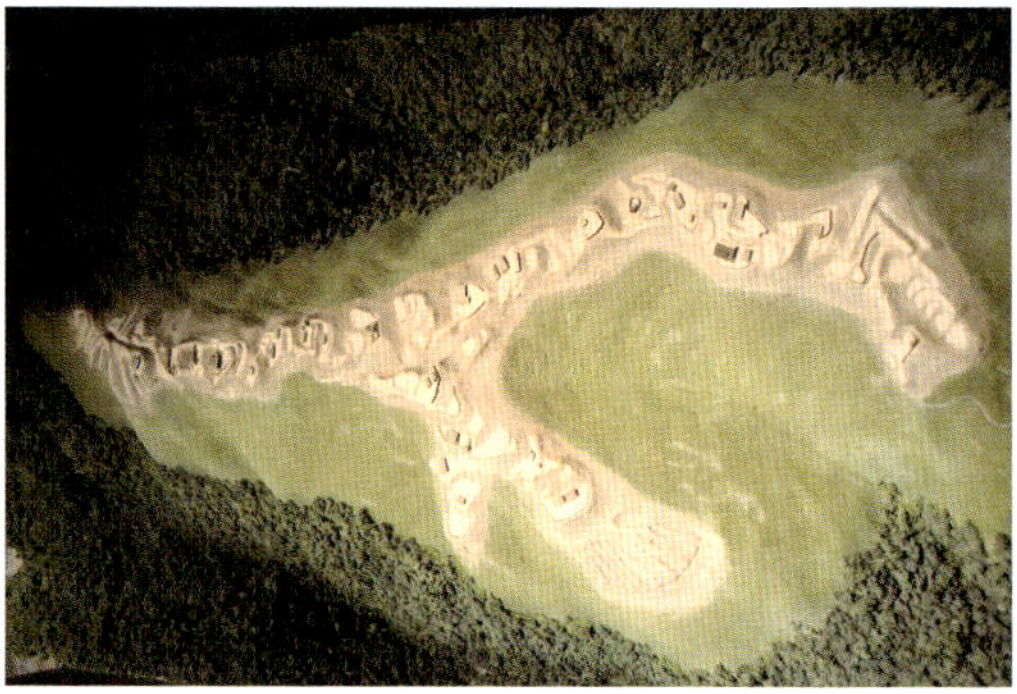

布施城復元模型■金剛山地から派生した尾根の中腹に位置する山城で、布施氏によって築かれたとされる　葛城市歴史博物館蔵

*三好三人衆■三好長慶の死後に、若い義継を支えて三好家の中心となった一族・重臣。だが、やがて方針をめぐって義継と対立し、上洛してきた織田信長とも争った。

久秀は南へ軍勢を進めるため、筒井城に入り兵糧を運び込んだ。筒井方はその動きを察したか、二十四日に松永久通が筒井城に兵糧を入れようとしたところ、攻撃を仕掛けている。ただし、大きな戦果は得られなかったようで、久通は筒井城から南へ出陣し、代わりの軍勢が筒井城に入った。そして三月十七日には、久秀が再度、筒井城に兵糧を入れている（『多聞院日記』）。

四月二十六日、三好三人衆は大安寺《だいあんじ》付近から筒井城へ攻め寄せ、五月二十四日には筒井城の廻りにある小屋をことごとく焼き払った。この勢いに乗じて五月三十日、三人衆方は久秀と堺で戦ってこれを破り、久秀を消息不明へと追いやっている。これにより六月八日、筒井方は筒井城を調停により奪還した（『多聞院日記』）。

筒井城に復帰した順慶は、さらに攻勢を強めていく。九月二十五日、「筒井藤政」は五千の軍勢で奈良に攻め上がると、それに対し、久秀不在の松永方は多聞山城に籠城した（『多聞

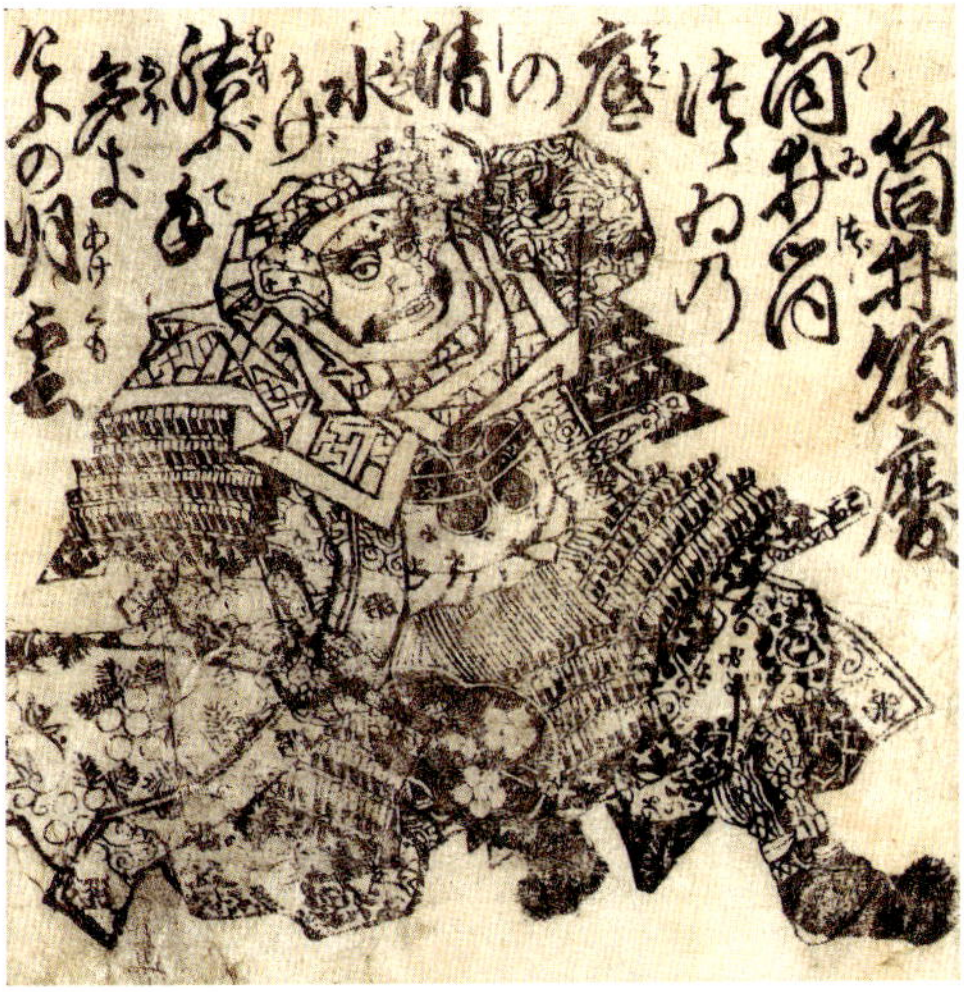

『続英雄百首』に描かれた筒井順慶■当社蔵　以下、当社蔵については※で表記する

筒井城跡の土塁状の高まり■奈良県大和郡山市・菅田比賣神社境内

院日記』）。順慶は「藤勝」から「藤政」に改名していたことがわかる。そして、二十八日に興福寺成身院で得度《とくど》、すなわち僧侶となるための出家の儀式を行い、陽舜房《ようしゅんぼう》順慶と改めている『多聞院日記』）。

このように、久秀不在の松永方は、大和においては多聞山城を死守していたものの、その他の地域では振るわず、翌年四月までには口宇陀地域から完全に撤退するなど、次第に形勢が不利な状況となっていった。

さらに、久秀が不在の間に、三人衆方と畠山高政・*松浦孫八郎《まつらまごはちろう》との間で和平交渉が進められ、十二月末には孫八郎が知行を与えられることと引き替えに和睦に同意し

図４　戦国時代の奈良周辺図（福島克彦氏原図をもとに作成）

た（『九条家文書』）。これにより、畿内の戦乱はひとまず収束する。

燃え落ちた東大寺大仏殿

さて、畿内の和平がひとまず成立したかに見えたが、やはり実力者の松永久秀抜きでは長続きはしなかった。和平の成立から二か月足らずの永禄十年（一五六七）二月十六日には、早くも三好義継が三好三人衆と袂を分かち、堺にいた久秀を頼ることとなった（『多聞院日記』）。久秀は義継を擁して、四月六日に堺から信貴山城に入り、大和への復帰を果たす（『言継卿記《ときつぐきょうき》』）。

三好義継画像■京都市立芸術大学芸術資料館蔵

翌日、順慶が奈良から筒井城に退くと、久秀は十一日に多聞山城に入った。これに対し、三人衆は一万余りの軍勢を率いて十八日に奈良近辺に陣取り、奈良周辺には両軍が入り乱れ、長期戦がくり広げられることになる（『多聞院日記』）。

六月二十七日になると、状況を憂慮した順慶が久秀との和睦を三人衆に勧めるなど、関係の改善を図るも、功を奏さない。

＊松浦孫八郎■三好長慶の弟・十河一存の子で、和泉国の有力国人松浦氏の跡を継いだ。三好三人衆と松永久秀が争うようになると、畠山高政とともに松永方に付いた。織田信長上洛してくると、信長に従っている。

南から望む多聞山城跡■奈良市

それどころか、両者の抗争は一層激しさを増し、十月十日には久秀が多聞山城攻めのため東大寺に拠っていた三人衆を攻め破った。このとき、大仏殿に兵火がかかり、全焼するという事態を招いたが、大仏殿の焼失は松永方が意図的に焼いたものではなく、「兵火の余煙《よえん》」に伴うものであったようである（『多聞院日記』）。

打撃を受けた反松永方は一時撤退したものの、緊張関係はなおも続いた。久秀が拠る多聞山城を監視するため、三月頃までは三好宗渭、阿波衆、三好長逸、摂津の池田《いけだ》氏、河内高屋城の三好備中守・遊佐安芸守らの軍勢が入れ替わりで奈良西方に陣取っている（『多聞院日記』）。

実はこのころ、久秀は一連の窮地を打開するべく、すでに織田信長・足利義昭との同盟を結んでいたのであった。

織田信長の上洛と筒井城陥落

では、松永久秀が織田信長・足利義昭と同盟を結んだのはいつだろうか。たとえば、永禄九年（一五六六）六月八日、筒井方に筒井城を明け渡す前に「尾張国衆」が同城に在城していたこと（『多聞院日記』）、七月十八日には、伊賀の仁木長頼《にきながより》が義昭側近の和田惟政《わだこれまさ》に対して、義昭の上洛を実現するため、松永方の勝龍寺《しょうりゅうじ》城に加勢する旨を伝えていること（「和田家文書」戦三・参考一〇二）などから、この年には同

東大寺大仏殿■東大寺の本尊・盧舎那仏坐像を安置する仏堂。治承四年（一一八〇）と永禄十年（一五六七）の二度にわたって戦火により焼失し、現在の建物は公慶上人の勧進によって宝永六年（一七〇九）に完成した　奈良市

盟を結んでいた可能性が高い。

　また、永禄十年八月二十一日付けと推定される織田信長書状（「柳生文書」戦三・一三六二）には、より具体的に示されている。つまり、柳生宗厳《やぎゅうむねよし》に対して書状を初めて送ったことは、久秀とよくよく相談してのことであるとし、足利義昭の上洛計画に関することが記されているのだ。久秀と相談していることから、同盟を結んでいたのは確実だろう。

　加えて、十二月一日には、信長から大和国人の岡因幡守に対して、義昭を奉じて近日上洛するので、義昭に対する忠節を求めるとともに、久秀・久通父子に対して、いっそう親しくつきあうようにと申し付けられている（「岡文書」信上・八三）。

　さらに信長は、ほぼ同一内容の朱印状《しゅいんじょう》を興福寺御在陣中・柳生宗厳・多田四郎・瓶原《みかのはら》七人衆中・椿井《つばい》氏らの大和・南山城の国人衆へも出している。こ

織田信長画像■東京大学史料編纂所蔵模本

勝龍寺城跡■京都盆地の南西部に位置し、西国街道と久我畷が交わる軍事上の要衝でもあったため、たびたび争奪戦がくり広げられた。水堀や土塁などの遺構が残っている　京都府長岡京市

こからは、上洛にあたって、久秀との関係を重要視していたことがわかるだろう。
一方、久秀にとっても、大和支配が不安定な状況にあったため、信長と同盟を結ぶことは大きなメリットであった。

たとえば、同十一年六月二十九日には、三好三人衆方の三好康長《やすなが》によって、細川藤賢《ふじかた》が守る信貴山城が包囲される事態となっていた。このときは大坂本願寺の斡旋で、藤賢が退城し、高屋衆に城を明け渡すなど（『細川両家記』）、信長が上洛してくるまで、久秀は苦戦を強いられていたのである。

このようななか、ようやく信長が義昭を奉じて九月七日に岐阜を出陣し、上洛を開始した。久秀は機敏に反応し、二十八日には妻の広橋保子《ひろはしやすこ》との間に生まれた娘を、信長の息子との祝言と号して、信長に人質として遣わしている（『多聞院日記』）。そして二十九日、織田方の軍勢が三好三人衆方の拠点だった芥川・飯盛・高屋の諸城を落とし（『細川両家記』）、三十日に義昭が芥川城に入城した（『言継卿記《ときつぐきょうき》』）。

十月四日には早速、久秀と三好義継が芥川城に入った義昭・信長のもとに参上し、久秀は大和一国の支配を、義継と畠山高政は河内半国ずつの支配を任されることになった（『多聞院日記』・『細川両家記』）。なお、『多聞院日記』同年十月五日条には、

一、松少（松永久秀）昨日上意（足利義昭）并織尾（織田信長）へ礼これ在り、和州一国ハ久秀進退たるべしと云々、依って井戸・窪庄・豊田・筒与力十余人中坊駿河嗳ニテ無事と号し公方へ御礼ニ同道ノ処、尾州（織田信長）同心無きに依り空下しおわんぬ、

芥川（山）城跡の堀切■三好山に築かれた山城。三好氏の拠点城郭の一つとして知られ、のちに織田信長の下で和田惟政が城主となった　大阪府高槻市

とある。ここからは、筒井方与力の国人衆も中坊駿河の仲介で義昭に礼参したが、信長には同心を拒否されていることがわかる。筒井方の内部でも分裂状況が生じていたようだ。

窮地に立たされた筒井方は十月六日、義昭・信長の後ろ盾を得た松永久通の軍勢に筒井城を攻められ、城の際まで焼かれてしまう。順慶は堅固に籠城を続けたものの、八日には筒井城を退くことになった（『多聞院日記』）。

さらに信長は、佐久間信盛《さくまのぶもり》・細川藤孝《ふじたか》・和田惟政らに久秀の援軍を指示している。早くも十日には、二万といわれる軍勢が、西京《にしのきょう》・唐招提寺《とうしょうだいじ》の辺りに出陣し、窪《くぼ》ノ庄《のしょう》城（奈良市）を落城させた。そして十二月にかけて、筒井方の井戸・柳本・豊田・森屋・十市・布施・楢原・万歳・貝吹の諸城をめぐって両軍は激戦を展開するも（『多聞院日記』）、松永方に信貴山城を奪還されてしまう。

さて、松永方の攻勢はその後も続く。翌十二年四月八日には、久秀は久通とともに、前年の戦いで攻略できなかった布施氏と*越智家増《いえます》を退治するため、三好義継・畠山高政の軍勢や摂津・河内・和泉の兵を率いて出陣した。そして、十六日に片岡《かたおか》城（上牧町）、十一月四日には家増の拠る貝吹山城を開城させるなど、その勢力をさらに拡大させていく（『多聞院日記』）。

このように、多聞山城を拠点として、順慶をはじめとする反対勢力の駆逐を進めていった久秀・久通は、元亀元年（一五七〇）七月十八日に大和で、知行割と大規

＊越智家増■越智氏は大和国高市郡を拠点とした大和盆地南部最大の勢力。家増は元亀二年（一五七一）九月に、甥であり惣領の家高を殺害して当主になったといわれている。越智氏は家高が松永方、家増が反松永方として対立した。

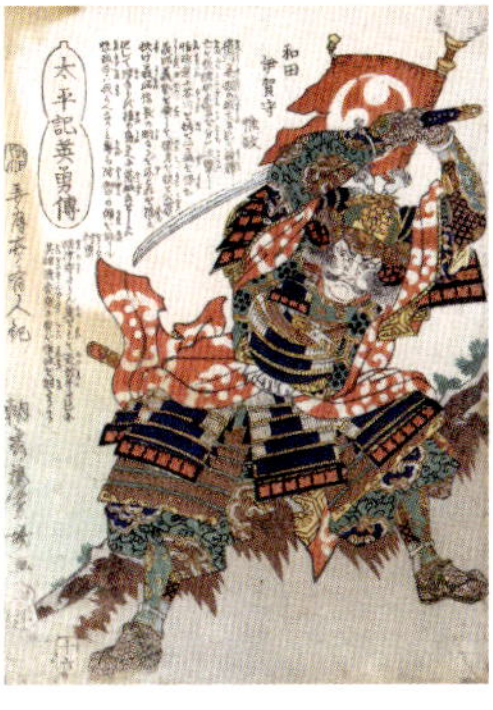

『太平記英雄伝』に描かれた和田惟政■
個人蔵

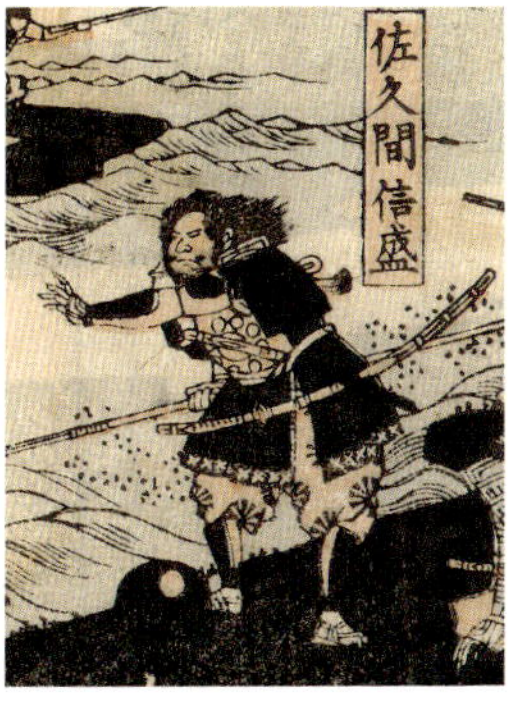

『太閤記画譜』に描かれた佐久間信盛■
※

模な給人の入れ替えを実施した（『二条宴乗記《にじょうえんじょうき》』）。これは、それまでのように個別に＊1闕所《けっしょ》処分を行って給人を入れ替えるようなレベルのものではなく、大名権力によって一斉に知行割を行ったものと考えられている（安国一九九一）。これによって、久秀の大和支配は最盛期を迎えることになった。

ところで、筒井城を再度奪回した久秀は、やはり筒井城を利用している。『二条宴乗記』同年九月二十九日条には「城州（松永久秀）は十市郷ヨリ、筒井平城ニ御出づる由」とあり、久秀が十市郷から筒井城に出向いたことがわかる。また、『尋憲記《じんけんき》』同年十月十日条には、「一、筒井平城、久秀所へ音信のため、南院遣わし候処ニ、未明より信貴山へ大夫賀（河）州所々衆と談じ合い越す由候（後略）」とあり、大乗院門跡の尋憲が久秀へ音信のため使者を筒井城に遣わしたが、久秀は未明に信貴山城へ出向いていたことがわかる。これらから当時、久秀は多聞山城や信貴山城とともに、筒井城へも出入りしていたことが明らかなので、筒井城は松永方の拠点城郭の一つになっていたようである。

将軍足利義昭との接近

元亀元年（一五七〇）七月二十五日、三好三人衆が河内へ侵攻したため、松永久秀・久通父子は信貴山城へ向かい、二十七日、八千の軍勢で河内へ攻め込んだ。同

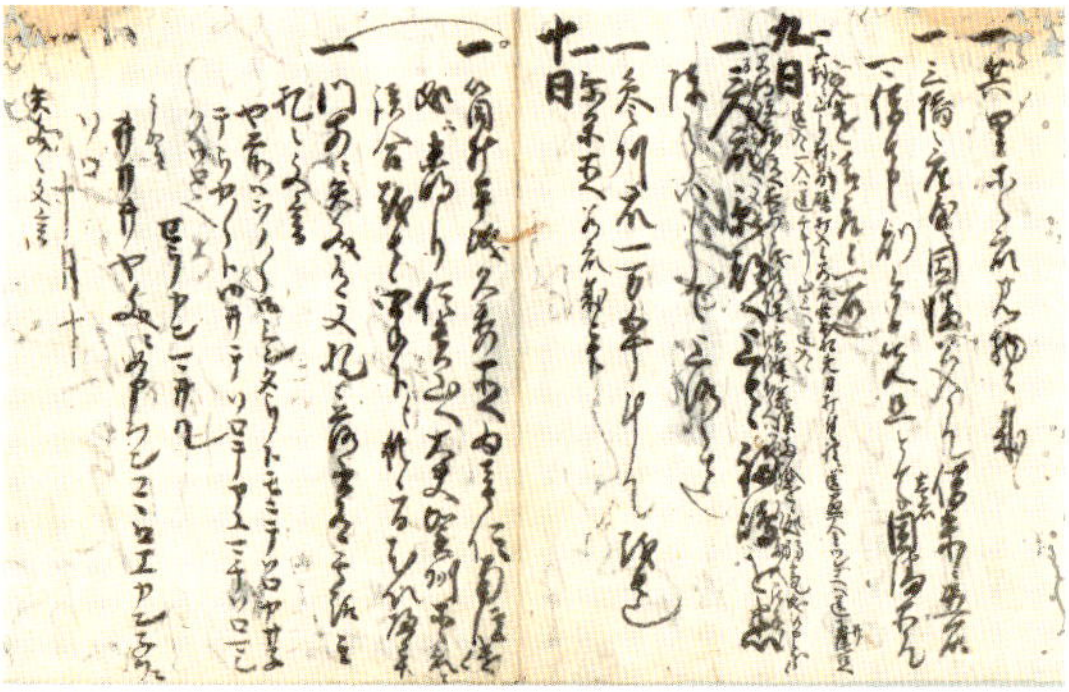

『尋憲記』元亀元年十月十日条■内容については上記本文を参照　国立公文書館蔵

＊1　闕所■罪科や戦争などにより、所有者がいなくなった所領。前者は警察権の保持者が、後者は勝者が闕所地を獲得し、他者に与えることを闕所処分という。

日、順慶は久秀不在の隙をつき、五百ほどの軍勢を率いて十市城に入り、ここでようやく、順慶が表舞台に復活している。続いて、八月二十日に筒井方は古市郷を少々焼いた後、高樋《たかひ》城（奈良市）を築き、順慶は福住（天理市）へ入った（『多聞院日記』）。

ここから、戦いの舞台は大和国外に移っていく。二十二日、織田信長が京都に到着すると、三好三人衆が「天王寺・ウリウノ堺」へ陣取った。これに対し、久秀は河内高安《たかやす》（大阪府八尾市）に、竹内秀勝は大窪《おおくぼ》（同）に陣取り、三好三人衆の動向に備えた。そして二十三日、筒井方は秀勝と一戦に及び、高樋まで退いている（『多聞院日記』）。

十月十三日の夜前には、「倉庄カトウシカマエ」（天理市）へ「筒井衆」である「井戸・白土・クボンシャウ《（窪之庄）》・高井・西座・ヅシ等以上人数六・七百人」が入った。これに対し、久秀は早朝にこれを攻めている（『尋憲記』）。

このように、順慶と三好三人衆が久秀と激しく対立するなか、久秀は三人衆との融和を目指し、十一月十二日から三好三人衆・阿波三好家の当主長治《ながはる》との和睦交渉が始まった。ここで、久秀は娘を信長の養女として長治に嫁がせることが決まり、十二月七日に和睦が成立している（『尋憲記』）。これにより、順慶と三人衆との共闘体制は瓦解してしまう。

こうしたなか、久秀と将軍足利義昭の不和を示す事件が起こった。同二年五月十日、久秀は義昭方の和田惟政・畠山秋高《あきたか》[*2]に申し合わせて敵対を企てた安見右近を奈良の「西新屋」で自害させ（『二条宴乗記』）、十二日にはその居城交野《かたの》城（私部《きさべ》

＊2　畠山秋高■昭高とも。河内国南半国と紀伊国の守護で、畠山高政の弟。義昭と信長が対立した際には、当初義昭派だったが、信長派に鞍替えし、家臣団との対立の末、天正元年六月二十五日、重臣の遊佐信教に攻められ、自害した。

三好長治画像■三好長慶の弟・実休の子で、阿波三好家の当主として畿内で活躍する三好本宗家を支えた　個人蔵

足利義昭画像■東京大学史料編纂所蔵模本

城・大阪府交野市）を攻めたのである。三十日には、三好三人衆がそれに呼応し、秋高の拠る高屋城を攻めた。久通と義継は、六月六日に一万の軍勢を率いて高屋表で合戦し、敵兵を多数討ち取っている（「信貴山文書」戦三一一五九八・『多聞院日記』）。

この一件で、久秀に対して疑念を抱いた義昭は、六月十一日に養女を順慶に嫁がせた。この婚姻によって、順慶は義昭と誼を通じることとなり、形勢逆転への足掛かりを築いたのであった。

なお、順慶の妻は、「九条殿ノ息女」（『多聞院日記』）もしくは「壱条殿之内五条と申者むすめ」（『尋憲記』）とされている。また、永禄元年（一五五八）十一月に婚姻したはずの、河内の故遊佐長教の娘との関係についてはよくわからない。

交野城跡■私部城とも。安見宗房の一族とみられる安見右近が築いたとされる大阪府交野市

■辰市合戦の勝利と筒井城の再奪還■

元亀二年（一五七一）六月十一日、婚姻によって順慶が将軍足利義昭と誼を通じた後、同日、中坊駿河が順慶に帰参し、十二日には箸尾方が久秀の陣から退くなど、松永方の離反が相次いだ。勢いに乗じた順慶は松永方に攻勢をかけ始める。七月五日、筒井方が「櫟本ノ付城」を落とし、松永方の軍勢が筒井城へ逃れ（『多聞院日記』）、十二日には「南方衆・筒井衆」の軍勢が西京・西大寺辺に出陣するなど（『二条宴乗記』）、筒井方が次第に優位になっていく。

七月二十五日、筒井方は白土《しらつち》（大和郡山市）に「用害《ようがい》」を築き、八月二日には辰市《たついち》（奈良市）にも「用害」を築いた。筒井方の攻勢に危機感を覚えた久秀は、辰市城を攻略するため信貴山城から出陣。河内若江《わかえ》城（大阪府東大阪市）から出陣した三好義継と合流して四日の昼頃に大安寺に入り、「酉上刻《とりのじょうこく》」に一斉に辰市城に攻め掛かる。

だが、筒井方の返り討ちにあい、結果は筒井方の大勝におわる。このとき、松永方は久秀の甥・松永左馬進と同孫四郎・久通の若衆松永久三郎をはじめ、麾下《きか》の河那邊《かわなべ》伊豆守・渡邊兵衛尉・松岡左近・竹田対馬守らが戦死した。取られた首は合わせて五百、負傷者も重臣竹内秀勝*をはじめ、五百余りという惨敗で、大打撃を受けた（『多聞院日記』）。

一方、順慶は辰市合戦で松永方を破ると、六日には松永方の手に渡っていた筒

＊竹内秀勝■公家の久我家の家礼である竹内季治の弟。下総守を称した。織田信長との対外交渉を務めたり、久秀とともに茶会に参加したりするなど、多方面で活躍した。元亀二年（一五七一）の辰市合戦で負った傷がもとで死去した。

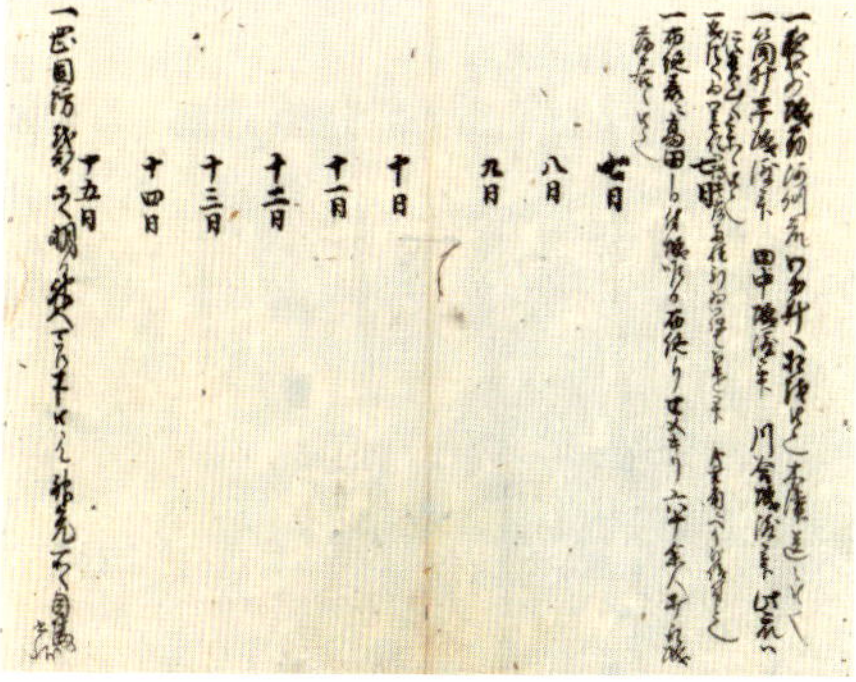

『尋憲記』元亀二年八月六日条■二つの目の一つ書きに、順慶が筒井城を取り戻したことなどが記されている　国立公文書館蔵

井城を取り戻し、田中城と川合城も受け取っている（『尋憲記』）。ここで、順慶は二十三歳にして、ようやく本拠地に根を下ろすことができたのであった。

順慶は、この勢いに乗じて松永方への攻勢を強めていき、九月七日に筒井方が山田（天理市）へ打ち寄せ、竹内秀勝が籠もる城を攻め、退散させた（『多聞院日記』）。続いて、十月十七日には筒井の足軽衆が手力雄《たぢからお》神社（奈良市）近辺まで攻め寄せ、本陣を「貝ツカ」に置いたが、まもなく撤退している（『多聞院日記』・『尋憲記』）。

十二月二十一日に順慶が五千余りの軍勢を率い十市城攻略に向かった際、筒井方の「希《(布)》施・万歳・楢《ナラ》原・井戸・窪庄・番条・楊本・福智堂、其外諸寄力」がことごとく出陣し、十市方も本城のほか、四つの出城の守りを固めている（『尋憲記』）。

このように、情勢は筒井方の優位で進み、松永父子は信貴山城に逃れた。だが、松永方は、この後も引き続き多聞山城を拠点とし、奈良市中の支配権を握り続けるなど、順慶がすぐに大和の支配権を得たわけではなかった。

■追放された足利義昭■

元亀三年（一五七二）四月、ついに松永久秀と織田信長との関係が破綻する。久秀が畠山秋高の家臣・安見新七郎の拠る河内交野城を攻めたことが引き金となり、信長が佐久間信盛や「公方衆」に命じて、久秀と三好義継の討伐に乗り出したのだ

若江城跡■長らく河内守護代・遊佐氏の城だったが、三好氏が台頭すると三好義継が城主となった。のちに織田方の城となり、天正十一年（一五八三）に廃城となった　大阪府東大阪市

（『信長公記《しんちょうこうき》』）。

十六日に佐久間信盛・柴田勝家《しばたかついえ》らの信長の重臣たちが交野に出陣してくると、久秀・松永久通・義継・三好三人衆は交野周辺の城で織田軍と戦うも敗北、久秀は信貴山城、久通は多聞山城、義継は若江城へとそれぞれ撤退した（「誓願寺文書」戦三・参考一二二、『信長公記』）。これが、松永方と織田方の最初の本格的な戦いで、以後、織田方の筒井氏と松永方は、衝突を繰り返していく。

まず、四月二十九日に大安寺で筒井の足軽衆が多聞衆と一戦を交えると、五月九日には順慶が東大寺南大門に陣を置き、織田方の尾張衆が多聞山城の北を取り囲んだ（『多聞院日記』）。一方、十一月十九日に久秀は片岡（上牧町）に軍勢を出して、その付近を焼き、続いて二十二日にも松永方が多聞山城より出撃し、今市（奈良市）を焼くも、筒井方はこれを追い返している（『多聞院日記』）。

ところで、『尋憲記』天正元年（一五七三）正月一日条には、「当国知人之事」と題し、「筒井陽舜　順慶　年廿（ママ）歳　当国ノ表」と記されている。ついで、「多聞山方」は「当城籠城」し、松永久通が在城しているとし、「当方後衆」として、「中坊飛騨・古市・希（布）施・万歳・鷹（高）田・楢原・龍王十市山城・楊本・細井戸・山田・秋山・柳生・狭川山中衆・簀川山中衆・伊賀仁木」が名を連ねている。このことから、大和は順慶が「表」＝代表的な人物であるとみなされていたこと、久通が多聞山城に籠城していたこと、中坊飛騨をはじめ、大和各地の国衆や伊賀の仁木氏が、筒井方ではなく、松永方に

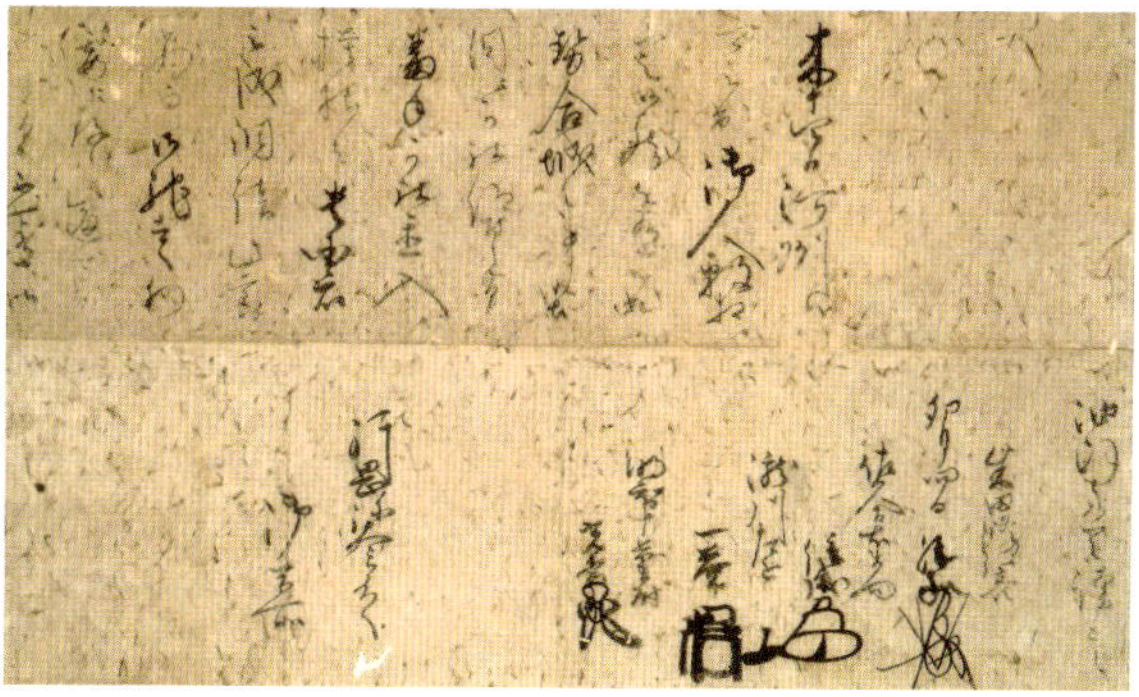

（元亀三年）卯月四日付け柴田勝家等連署状■柴田勝家・佐久間信盛・滝川一益・明智光秀の連名で、大和の片岡弥太郎に河内攻めの従軍を求めている　国立国会図書館蔵

付いていたことがわかる。

そして二月、義昭は信長と表立って敵対するようになると、久秀は義昭に許され、味方となる（『尋憲記』）。ここに、大和は信長・順慶と義昭・久秀が対立する図式となっていく。

その後、義昭は織田方と攻防をくり広げ、七月三日には山城槇島城（京都府宇治市）で応戦するも、十八日に攻め落とされ、義昭は河内若江城に追放されてしまう。これにより、久秀は窮地に立たされることとなり、大和における順慶の優位性がさらに高まっていく。

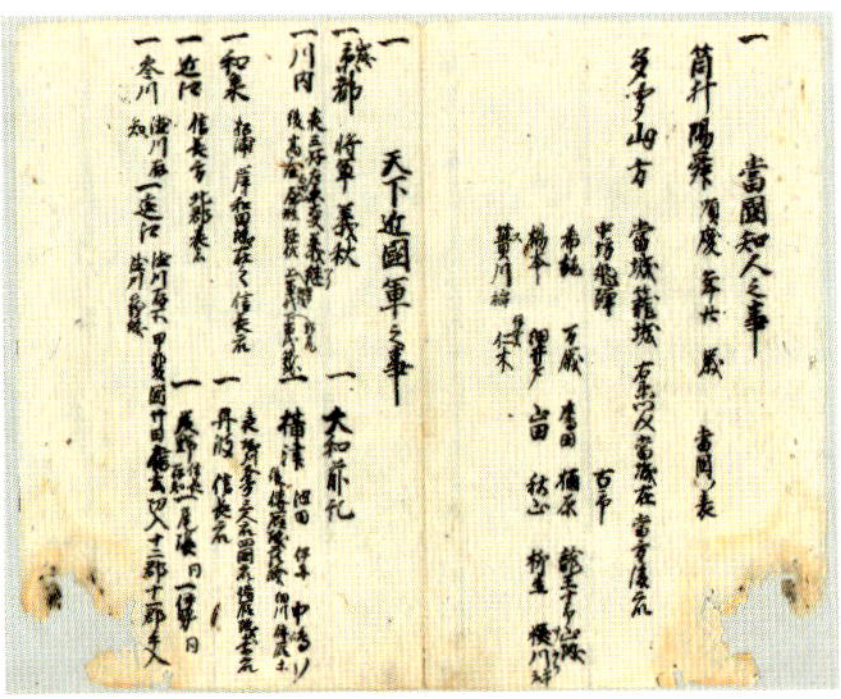

『尋憲記』天正元年正月一日条■「当国知人之事」の筆頭として順慶の名が見えている　国立公文書館蔵

第二部　大和国主として織豊政権で活躍

宿敵・松永久秀の失脚もあり、織田信長に重用されると、破格の大和国主に就任。そして、信長の有力武将として全国を駆け回るなかで迎えた本能寺の変。明智光秀・羽柴秀吉の運命を左右することになった順慶はどう動いたのか⁉

筒井順慶坐像■法体姿の順慶を彫った像高約 70cm の木像で、もとは順慶の菩提寺・寿福院に所蔵されていた　奈良県大和郡山市・光専寺蔵　写真提供：大和郡山市教育委員会

第一章 織田政権下における順慶の大和支配

■多聞山城を攻略し、信長が入城■

天正元年（一五七三）十月二十一日、織田信長は賀茂《かも》惣中《そうちゅう》に対し、順慶と相談して松永方が拠る多聞山城を攻めるための付城《つけじろ》*1を構築するように命じ（「賀茂郷文書」信上・四一五）、多聞山城攻略を本格化させていく。

織田軍の脅威が迫るなか、十一月四日には三好義継が、若江城において家臣・多《た》羅尾綱知《らおつなとも》らの寝返りにより佐久間信盛らの軍に攻められ、十六日に若江城で自害するなど、久秀はますます不利な状況に追い込まれていく。そして、ついに久秀・久通父子は信長に降伏を申し出た。

松永父子の降伏を受けて十一月二十九日、信長は久秀が申してきたとおり、多聞山城の引き渡しと、久通を信貴山城に入れること、松永の支配下にあった山城国一部（相楽郡周辺）の取り上げなどを佐久間信盛に指示している*2。さらに大和の知行関係を整理するように指示し、久通の嫡子を人質として差し出し、詫びを入れるなら赦免することを申し付けた（「堺市博物館寄託文書」戦三・参考一一二八）。

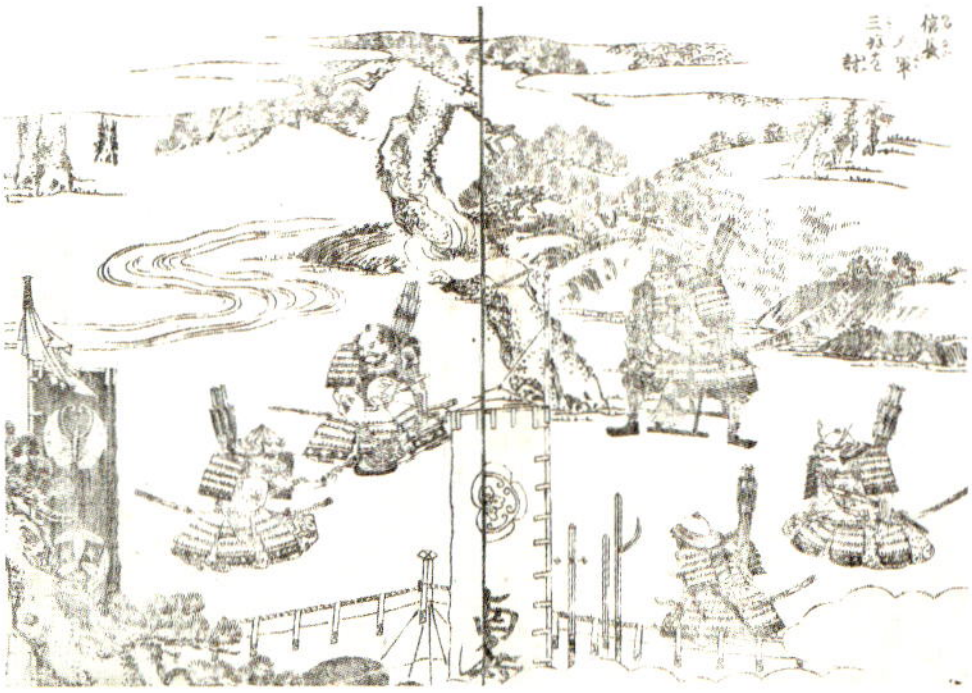

「信長大軍三好を討」■『絵本太閤記』※

＊1　付城■攻撃の拠点として、敵城の近くに築いた城。

そして十二月二十六日、多聞山城はついに織田方に明け渡された。早速、多聞山城には織田方の部将が入り、久通は約束通りに嫡男の春松《はるまつ》を人質として差し出し、信貴山城に移っていったようである。なお、順慶も人質として母の筒井後室を差し出し、多聞山城に入れ置かれている（『尋憲記』）。これにより、松永方は信長の軍門に下り、多聞山城も織田方に明け渡されることで、松永父子による大和支配は終りを迎えた。

松永方の脅威が去ったことで、順慶は同二年正月二日に岐阜へ向けて出発し（『多聞院日記』）、到着すると、他の織田家臣たちとともに信長へ年頭の挨拶を行った。順慶にとって、これが信長との初対面とみられ、これにより、正式に信長に臣従したようである。

その際、信長は明智《あけち》光秀《みつひで》の四男を順慶の養子とするよう命じており（『綿考輯録《めんこうしゅうろく》』）、和田裕弘氏によると、順慶の養子となったのは光慶《みつよし》とされている（和田二〇一七）。ただこの史料

明智光秀画像■大阪府岸和田市・本徳寺蔵　写真提供：岸和田市役所観光課

岐阜城跡■信長が斎藤龍興を降して以降、安土城が完成するまで信長の居城となった　岐阜市

＊2　佐久間信盛■織田信長の重臣で、信長に従い各地を転戦、信長の主立った合戦にはほとんど参加している。畿内での活動が目立ち、畿内の織田家中の最有力者だったが、天正八年（一五八〇）八月に信長から折檻状を突き付けられ失脚。その後は高野山で余生を過ごしたという。

は、宝永七年（一七七八）に熊本藩士によってまとめられたものであり、信憑性に欠けるため、判然としない。真相は定かではないものの、以降、順慶と光秀はさまざまな局面で行動をともにしていく。

三月九日、柴田勝家が留守番役として多聞山城に入ることになり、順慶は高田・岡・箸尾各氏とともにその前日奈良に入った。順慶らは勝家から人質の提出を求められたが、高田氏以下はこれを拒否し、十二日に多聞山城を後にしている（『多聞院日記』）。

このようななか、信長は朝廷からの許可を受けて、東大寺の宝物・蘭奢待《らんじゃたい》を切り取るために大和へ下向することとなった。蘭奢待とは、東大寺正倉院に収蔵されている香木《こうぼく》であり、天下第一の名香と謳われている。十三日に順慶は、信長を奈良に出迎えるために京都に向かい、二十三日には筒井後室を人質として提出している（『多聞院日記』）。

そして二十七日、信長が三千余りの軍勢を率いて多聞山城に入った。順慶は信長への饗応に当たり、城内で夕飯の支度を担当している。翌日、信長は多聞山城で蘭奢待を切り取らせた（『多聞院日記』・『信長公記』）。このときの多聞山城への下向が、二年後に築城を開始する、近世城郭の始祖とされる安土城に大きな影響を与えたのは間違いない。

系図4　明智氏略系図

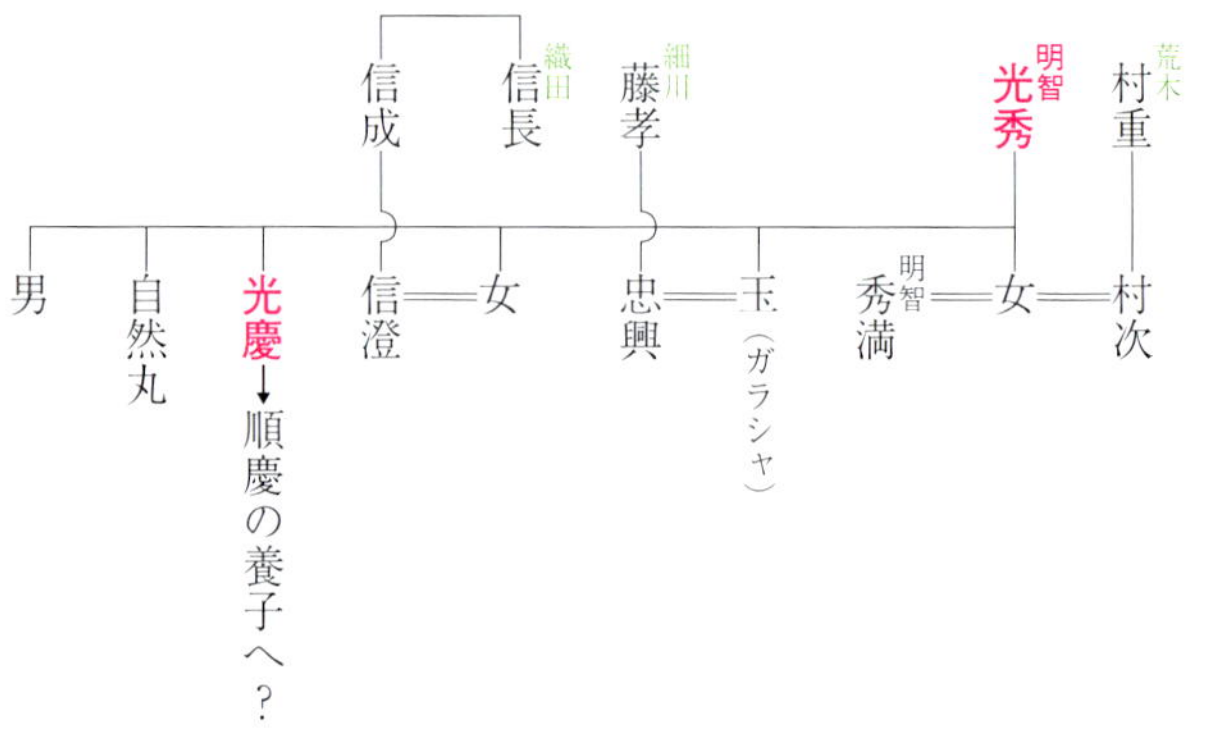

■順慶、大和国主となる■

信長は数日の滞在後、天正二年（一五七四）四月一日に奈良を去ったが、順慶にはひと息つく間もなかった。三日、織田方による大坂本願寺・河内高屋城攻めのため、順慶は信長から出陣を命じられたのだ（「古文書纂」二十九　信上・四四九）。十一日に「筒井衆」が河内へと向かい、翌日には織田軍の先鋒として参戦している（『多聞院日記』）。

また、五月十五日に武田《たけだ》勝頼《かつより》が徳川《とくがわ》家康《いえやす》方の遠江高天神《たかてんじん》城（静岡県掛川市）を包囲すると、救援のために信長が岐阜から出陣したことに合わせ、順慶は京に上っている（『多聞院日記』）。このように、松永久秀が織田方へ帰順し、その脅威が薄れたことを契機として、順慶は織田軍が全国各地でくり広げている合戦へと駆り出されるようになっていく。

ところで、織田家臣として活躍しはじめた順慶だったが、大和国衆のすべてが順慶に帰順しているわけではなかった。七月十八日には、超昇寺氏が一揆を企て、箸尾為綱《ためつな》も額田《ぬかた》（大和郡山市）に出陣し、順慶との関係を断っている。これに対し、順慶は二十二日に十市常陸介と同盟を結び、誓紙を取り交わした。続いて十一月十四日には、順慶と十市常陸介は森屋氏とも同盟を結び、反筒井方の動きに対処している（『多聞院日記』）。

高天神城跡■駿河と遠江の国境に近いことなどから、たびたび徳川と武田の間で争奪戦がくり広げられた。天正二年の戦いでは、武田勝頼によって落城させられている　静岡県掛川市

さて、信長との関係で見逃せないのが、織田家との婚姻である。同三年二月八日、順慶は岐阜から帰国すると、二十七日に信長の娘（もしくは妹）と祝言をあげた。この時の様子を、『多聞院日記』から確認してみよう。まず、二月十一日条には、

一、筒井順慶へは信長ノムスメか妹かヲ女中ニすべきト遣わさると云々、

同二十六日条には、

一、筒井へ信長ヨリ祝言トテ、ムカヰ衆・与力悉く上りおわんぬ、暁ヨリ大雨下る之間延引しおわんぬ

同二十七日条には、

一、信長ヨリ筒井順慶へ祝言これ在り、塙《ハン》九郎左衛門尉送りテ来る、手掻《てがい》祇園《ぎおん》ノ前ニテ礼これ在り、筒井諸与力迎えニ出、美々敷事也、都鄙之見物衆事々敷と云々

とある。これによると、本来は二十六日に行う予定だったが、大雨によって一日順延した二十七日、奈良手掻祇園社の前で、順慶と山城守護・*塙《ばん》（原田《はらだ》）直政《なおまさ》に連れられた新妻の祝言が執り行われ、筒井の与力たちが出迎え、多くの見物衆であふれた様子が読み取れる。

新妻の詳細については、二次史料の「戸田家系校正余録」によると、松平広忠《まつだいらひろただ》と戸田憲光《とだのりみつ》の娘との間に生まれた「光源君」であるとする。徳川家康の妹にあたり、未亡人であったところ、信長の養女となって順慶に嫁いだとする。信憑性について

春日大社■藤原氏の氏神で、興福寺と一体化し、大和で大きな権勢を誇った。順慶もたびたび参詣している　奈良市

*塙直政■尾張国出身の織田信長家臣。信長が上洛すると畿内の政務を任され、山城守護・大和守護などに任じられた。天正三年（一五七五）には原田の姓を与えられている。翌年、大坂本願寺との戦いで戦死した。

は定かではないが、わざわざ創作する必要性がないことから、可能性としては十分にあり得る。

ちなみに、順慶の妻は足利義昭の養女だったはずだが、この時点ではどうなっていたかはわからない。

祝言が無事に終わった後、織田政権による大和支配に変化が訪れる。三月二十一日に塙直政が多聞山城に入り、信長は二十三日、直政に大和支配を任せたのだ。『多聞院日記』三月二十五日条には、「一、去廿三日ニ塙九郎佐衛門尉当国ノ守護ニ相定められおわんぬと云々、先代未聞ノ儀、惣ハ一国、別ハ寺社滅亡相究める者也」とあり、興福寺側は直政が「当国ノ守護」に就いたと認識していたようだ。「先代未聞」とまで記しているように、大和は守護不設置の国であったが、中世をとおして実質的に大和守護の立場にあった興福寺にとって、衝撃は大きかったようである。

ここに、織田政権による大和支配は確立していくこととなる。だが、直政に与えらえた権限は限られていたようで、信長は四月二十七日、直政・「松永」・十市方（常陸介・十市後室）に対し、「朱印」により大和十市郷の三分の一を分け与えている（『多聞院日記』）。ここから考えると、大和国内の知行宛行権は信長が持っていたようだ。

さて、五月になると、信長と武田勝頼との間で長篠《ながしの》の戦いがくり広げられた。当然、順慶にとっても他人事ではなく、十七日に鉄砲衆五十余りを岐阜へ派遣している（『多聞院日記』）。二十一日には直政が鉄砲隊の奉行として合戦に参加しており（『信

設楽原古戦場に復元された馬防柵■長篠の戦いは、長篠城をめぐって織田・徳川軍と武田軍とが争った戦いで、設楽原で決戦がおこなわれた　愛知県新城市

長公記』）、順慶が派遣した鉄砲衆は直政の傘下に組み込まれたようである。長篠の戦いで勝利を収めた信長は岐阜に帰り、二十七日に筒井衆は帰陣した。続いて八月、信長は越前一向一揆を攻め、九日には直政率いる大和・山城国衆がことごとく出陣し、筒井勢もこれに加わっている（『多聞院日記』）。

ところで、これに先立つ七月二十五日、松永久通は以前より松永派であった十市後室の娘「御ナヘ」と祝言をあげている。三十日に多聞院英俊の使者が祝言の礼のために龍王山城（天理市）を訪れていることから、久通は龍王山城を拠点としたことがわかる。これを機に、久通は十一月十三日、以前より筒井派であった十市常陸介の拠る十市城（橿原市）を攻め、ついで柳本城（天理市）を陥れた。さらに、翌四年二月二十六日に森屋《もりや》城（田原本町）を攻略し、三月五日には十市城を攻めている。こうしたなか、直政は二十一日に十市城を接収すると、常陸介は河内へ逐われた（『多聞院日記』）。ここからすると、久通による一連の軍事行動は、どうやら直政容認のもと行われていたようである。

四月には、信長と和睦していた大坂本願寺が再び挙兵した。そのため、直政は大和国人衆を率い、荒木《あらき》村重《むらしげ》・明智光秀・細川藤孝らとともに摂津へ出陣する。しかし、五月三日に直政は戦死してしまう（『信長公記』）。これにより、順慶に転機が訪れる。

五月十日、信長からの使者として明智光秀と万見《まんみ》重元《しげもと》が順慶のもとを訪れ、順慶の大和支配が公的に認められたのだ。このときの様子を、『多聞院日記』同日条は、

龍王山城跡の礎石建物群■奈良県天理市
写真提供：天理市教育委員会

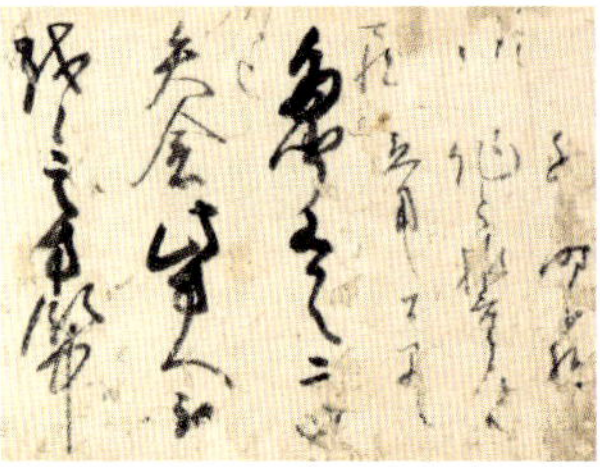

一、今日巳剋ニ、和州一国一円筒井順慶存知有るべき之由、信長ヨリ明智十兵衛（光秀）・万見専千代（重元）両使ニテ申し出ださる之由、森弥四郎より折帋ニテ成身院へ注進これ在り、事実においては寺社大慶、上下安全、もっとも珍重々々

と記しており、多聞院英俊ら南都の寺社方は、この知らせを大喜びで迎えたことが読みとれる。順慶の抜擢は、織田家臣としての活躍ぶりと、信長との血縁関係、大和国人の筆頭格として地元に精通していたことなどが考慮されたものであったといえよう。なお、これにより、松永久秀・久通父子は佐久間信盛の与力となったようである。

しかし、いまだ箸尾為綱や戒重《かいじゅう》氏が順慶と敵対し、松永父子も信貴山城・龍王山城に拠っているなど、反乱分子が各地に残存していた。順慶の大和支配は、あくまで信長より任せ置かれたにすぎず、塙直政と同様に、その権限は限られたものであったようだ。

■破壊された多聞山城■

天正四年（一五七六）六月になると、織田政権の意向で多聞山城が破却され始めた。六月二十九日付けで信長が順慶に送った黒印状には、多聞山城の建物を京都へ移築させるために、順慶自身が南都に越して、佐久間信盛・信栄父子と相談して大

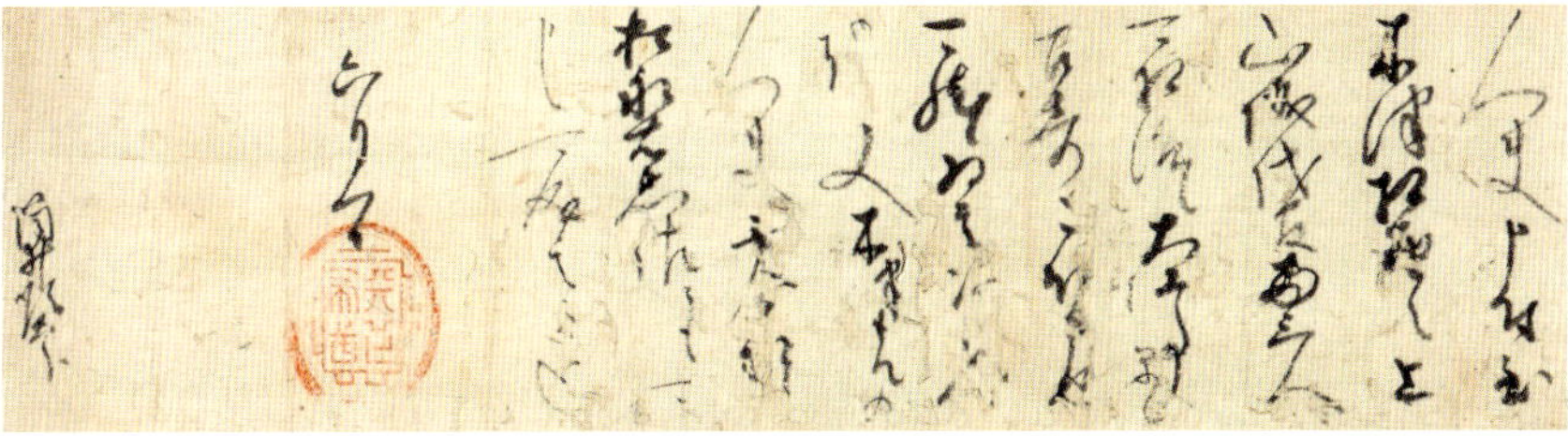

（天正５年）６月１日付け筒井順慶宛て織田信長書状■次ページで述べるように、多聞山城の高矢倉を移設するよう命じられている　岐阜市歴史博物館蔵

工・人夫などの段取りを進めるよう命じている（「岡本文書」信下・六四八）。このとき、かつての城主・松永久通が「タモン山家壊奉行」を務めている（『多聞院日記』同年八月九日条）。

約一年後の翌五年六月一日、信長は順慶に対し、「多聞にこれ有る高矢倉《たかやぐら》」を「此方」へ移動させるよう命じ、久通を使者として遣わしている（「岐阜市歴史博物館所蔵文書」）。『多聞院日記』によると、六月五日に「多聞山四階ヤクラ」が壊されているので、「高矢倉」は四階櫓のことを指していることがわかる。そして、「此方」とは当時、築城中だった安土城とみられることから、すでに述べたように、近世城郭の始祖とされる安土城の「天主《てんしゅ》」は、多聞山城の四階櫓をもとに築造された可能性がある。

閏七月二十六日には多聞山城の破却がほぼ完了し（『多聞院日記』）、順慶はこの作業を久通と共同で行ったのであった。

■長年の宿敵・松永久秀の最期■

天正五年（一五七七）二月二日、織田信長は大坂本願寺に協力する紀伊の雑賀《さいか》一《いっ》揆《き》[*1]を平定するため、十三日に出陣する旨を、織田方の諸国へ命じた。順慶もこれに応じ、雑賀へ出陣する。十八日、信長は「佐野の郷」（大阪府泉佐野市）に陣を移し、二十二日に志立《しだち》（大阪府泉南市）へと陣を進めると、ここから軍勢を「浜手」と「山

安土城天主の礎石■岐阜城ののちに信長の居城となった城で、本能寺の変後に天主などが焼失した　滋賀県近江八幡市

＊1　雑賀一揆■紀伊国雑賀地方の地侍を中心に結成された地域的結合で、主な者に鈴木重秀や土橋守重らがいる。大坂本願寺と結んだため、信長と対立することになった。

方」に分けて進軍させた。順慶をはじめとする大和衆は、滝川一益《たきがわかずます》・明智光秀・丹《に》羽《わ》長秀《ながひで》・細川藤孝とともに、浜手方面への進軍を担っている（『信長公記』）。

三月一日、筒井勢は信長の命により、一益・光秀・長秀・蜂屋頼隆《はちやよりたか》・藤孝・若狭衆とともに、＊2鈴木重秀《すずきしげひで》の居城を攻撃した。このとき、竹束の防具で攻め寄り、「城《せい》楼《ろう》」を上げるなど、昼夜激しく攻め立てた（『信長公記』）。以降も、織田軍は攻撃の手を緩めず各地に進軍した結果、鈴木重秀らの雑賀一揆勢は誓詞を出して降伏し、大坂本願寺攻めに奔走することを誓ったことから、信長はこれを赦免した（『信

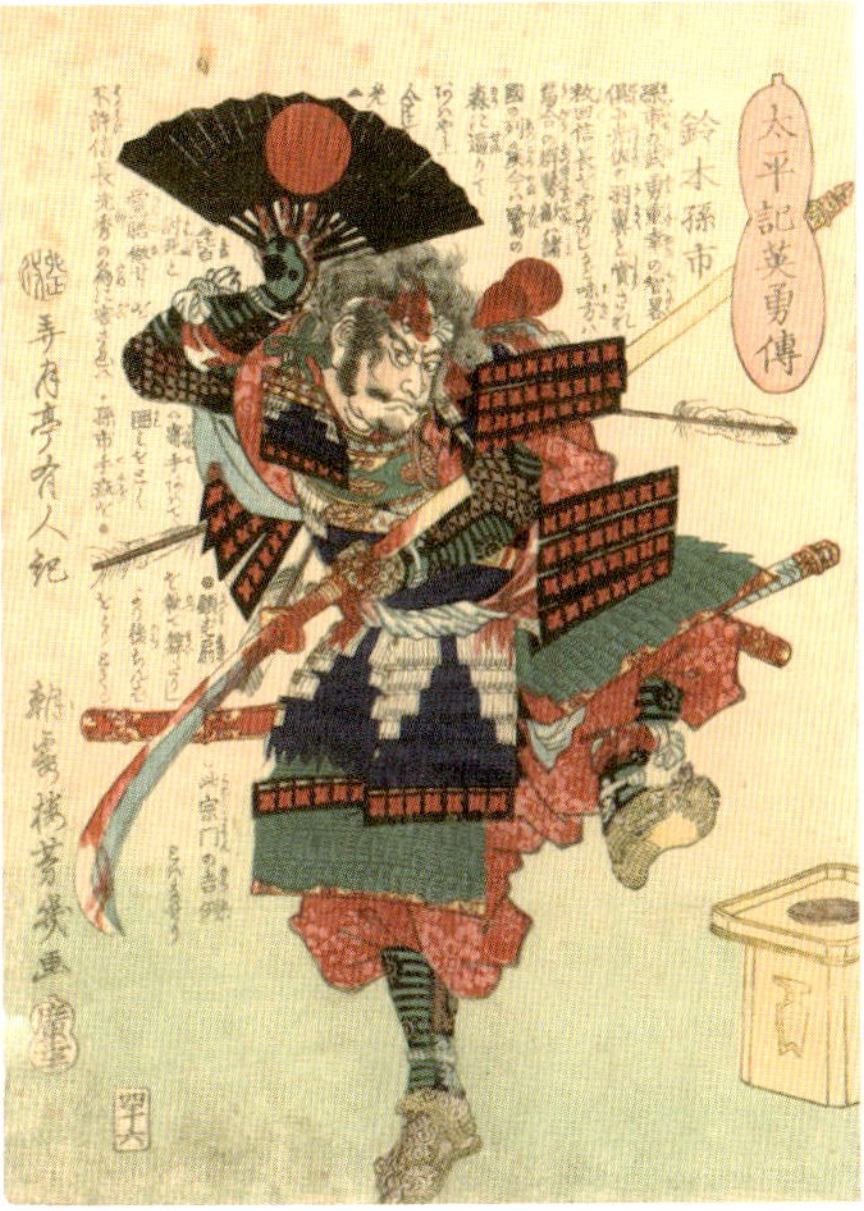

『太平記英雄伝』に描かれた鈴木（雑賀）孫市■個人蔵

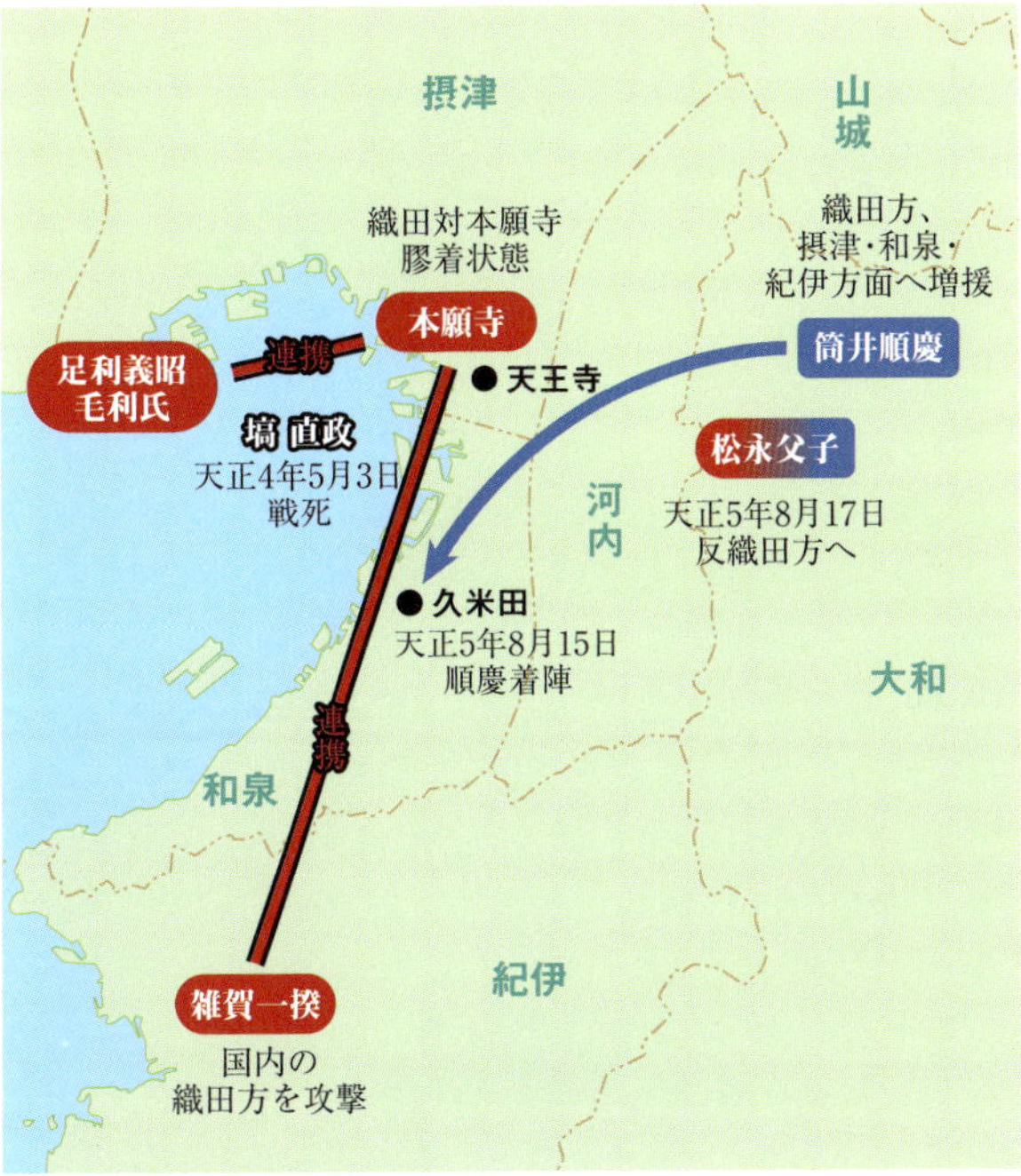

図５　信長の紀州攻め関係図

＊2　鈴木重秀■雑賀一揆の中心メンバーの一人で、大坂本願寺に協力して信長方と戦ったが、本願寺が降伏すると一転、信長に接近。雑賀一揆の分裂もあり、信長の死後は羽柴秀吉に仕えた。

長公記』）。これにより、順慶は三月二十五日に大和へ帰陣した（『多聞院日記』）。

しかし、雑賀一揆はこの約束を破り、閏七月下旬には、先の戦いで織田方に属した雑賀三緘《みからみ》衆を襲った。そのため、順慶は増援を命じられ、八月十五日に和泉久《く》米田《めだ》（大阪府岸和田市）に着陣したところ、十七日付けで信長から黒印状が出され、佐久間信盛と相談し、油断なく行動するようにとの指令を受けている（「島田文書」信下・七三二）。

このように、順慶が雑賀一揆の征伐に駆り出されていたさなか、松永久秀・久通父子が、ついに信長に対して反旗を翻す。松永父子は、大坂本願寺攻めのため天王寺（大阪市）の付城の定番として置かれていたが、八月十七日、信長に背いて居城の信貴山城に立て籠もった。これは、松永父子単独の行動ではなく、当時、毛利輝元《もうりてるもと》のもとに身を寄せていた足利義昭が敷いた、反信長包囲網の動きに呼応したものといえる。驚いた信長は、側近・＊松井友閑《まついゆうかん》を信貴山城に送り、説得に努めるも、久秀は面会を断り、これに応じなかった（『信長公記』）。

交渉が決裂したことを確認した信長は、松永父子を征伐すべく、九月二十九日に信貴山城へ軍勢を派遣する。もちろん、順慶も従軍し、十月一日には細川藤孝・明智光秀・山城衆とともに松永方の森《もり》・海老名《えびな》氏が籠もる片岡城を攻め、自害に追いやった。また、同じく松永方の柳本・黒塚《くろつか》も仲間割れを起こし、柳本衆の裏切りにより久通が自害してしまう（『信長公記』・『多聞院日記』）。

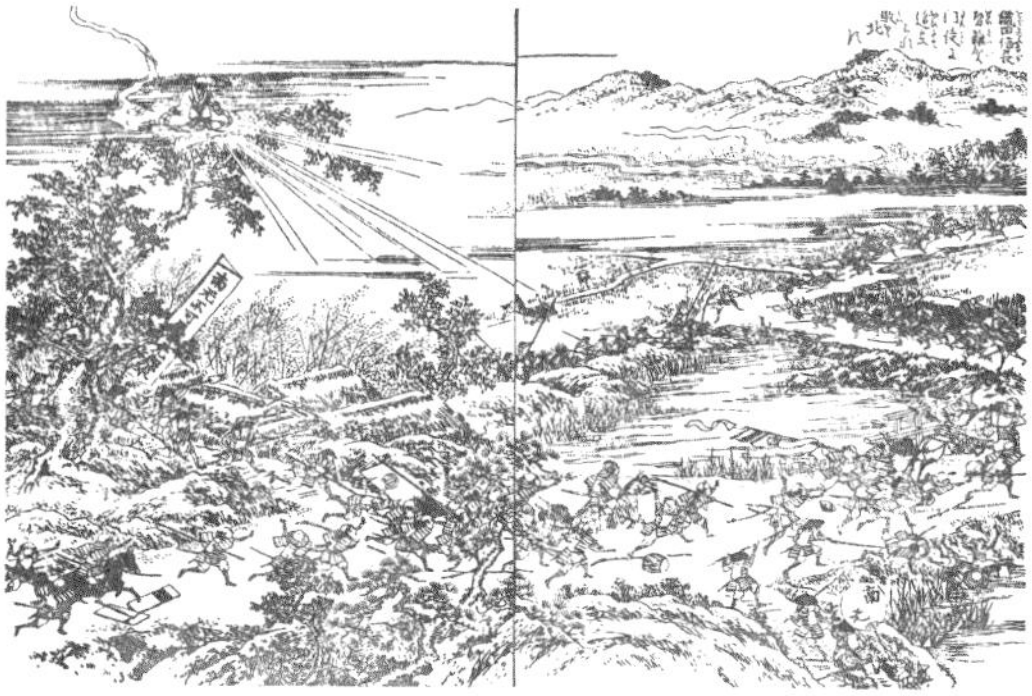

小雑賀付近での雑賀衆と織田信長軍との攻防戦■『紀伊国名所図会』※

＊松井友閑■もともと室町幕府の幕臣だったが、足利義輝が永禄の変で自害すると、やがて信長に仕えるようになった。信長の下では右筆に任じられ、のちに堺代官となるなど、吏僚・側近として重用された。茶人としても知られる。

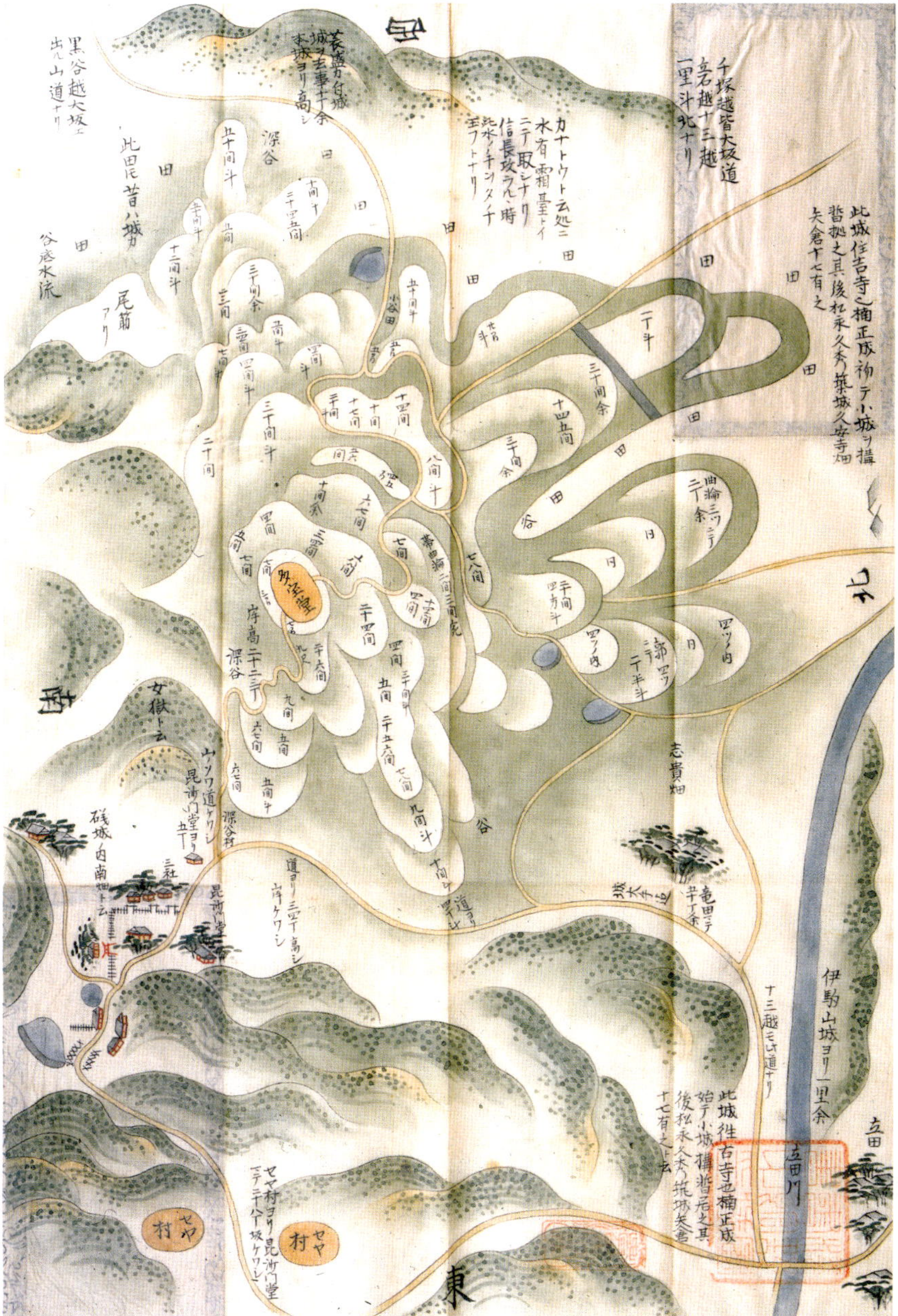

信貴山城（礒城）■「浅野文庫諸国古城之図」 広島市立中央図書館蔵

織田軍の攻勢はさらに続く。信長の嫡子・信忠《のぶただ》の軍勢は、二日に西京薬師寺《にしのきょうやくしじ》十番院《じゅうばんいん》に着陣して興福寺や東大寺に立ち寄った後（『尋憲記』）、三日には信貴山城へ攻め寄せ、城下や毘沙門堂をことごとく焼き払う。さらに九日には、織田軍の調略で城周辺の小屋や南の雌嶽《めだけ》を焼いた。そして十日、信忠・佐久間盛政・羽柴秀吉・光秀・丹羽長秀の夜攻めにより追い詰められた久秀は、ついに信貴山城で自害する（『信長公記』・『多聞院日記』）。享年七十であった。

長年の宿敵であった久秀の死により、順慶の大和支配の大きな障害は取り除かれた。だが、十月二十一日に佐久間信盛・信栄が発給した宛所不明の連署状（「織田長繁氏所蔵文書」信下・七四二）によると、松永父子やそれに与した者の知行の闕所処分については、信長自らが仰せ付けるものであるとしていることから、松永氏の滅亡後も、大和国主の順慶には依然として知行宛行権がなかったことがわかる。

相次ぎ出陣を命じられる

松永父子を敗死に追いやった信貴山城の戦い直後の天正五年（一五七七）十月二十日、順慶は大坂本願寺攻めの付城である森河内城《もりかわち》（大阪府東大阪市）に勤番するよう、織田信長より命じられた。これは、明智光秀が丹波に出陣しているので、その代わりに申し付けられたものであった。そして、用心等堅固に覚悟し、大坂へ

薬師寺■法相宗の大本山で、南都七大寺のひとつ。享禄元年（一五二八）に柳本賢治が侵攻してくると、筒井順興が迎え打ち、このとき兵火により多くの建物を失った　奈良市

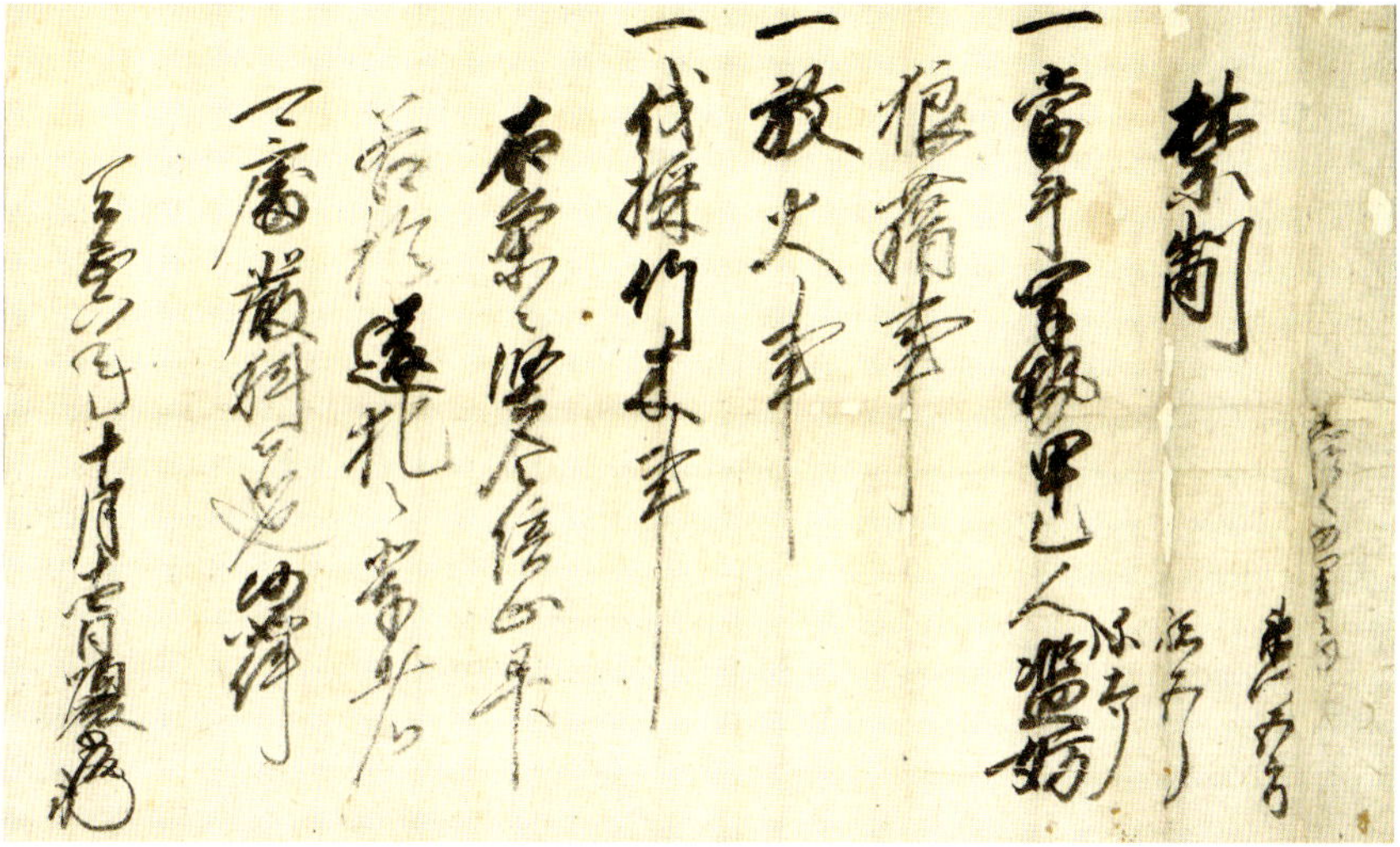

天正6年10月14日付け筒井順慶禁制■個人蔵　写真提供：公益財団法人郡山城史跡・柳沢文庫保存会

の通路や夜番を油断なく務めるよう指示を受けている（「某氏所蔵文書」信下・七四〇）。また、翌六年正月十四日、箸尾氏が順慶側に味方し、十六日には松永久通の居城であった龍王山城の破却が開始されるなど、着々と松永滅亡後の筒井家による大和支配の足固めが進められていく（『多聞院日記』）。

　四月二十七日になると、「筒井当国衆」が播磨へ出陣した（『多聞院日記』）。これは、播磨三木《みき》城（兵庫県三木市）の別所長治《べっしょながはる》が信長から離反し、毛利輝元に味方したことから、播磨一円でくり広げられることとなった三木合戦にともなうものである。六月二十七日、織田信忠の軍勢が神吉《かんき》城（兵

大坂本願寺推定地の碑■本願寺教団の本拠地で、同寺を中心に堀や土居で囲まれた寺内町が発展した　大阪市中央区

庫県加古川市）を攻め、順慶も滝川一益・稲葉《いなば》一鉄《いってつ》・蜂屋頼隆・武藤舜秀《むとうきよひで》・明智光秀・氏家直《うじいえなお》通《みち》・荒木村重らとともに激しく攻め寄せた。神吉城攻めは苦戦を強いられたものの、七月十六日になって、ようやく攻め落としている（『信長公記』）。

ついで、順慶は、明智光秀の丹波攻めにも従

別所長治画像■兵庫県三木市・法界寺蔵　写真提供：三木市教育委員会

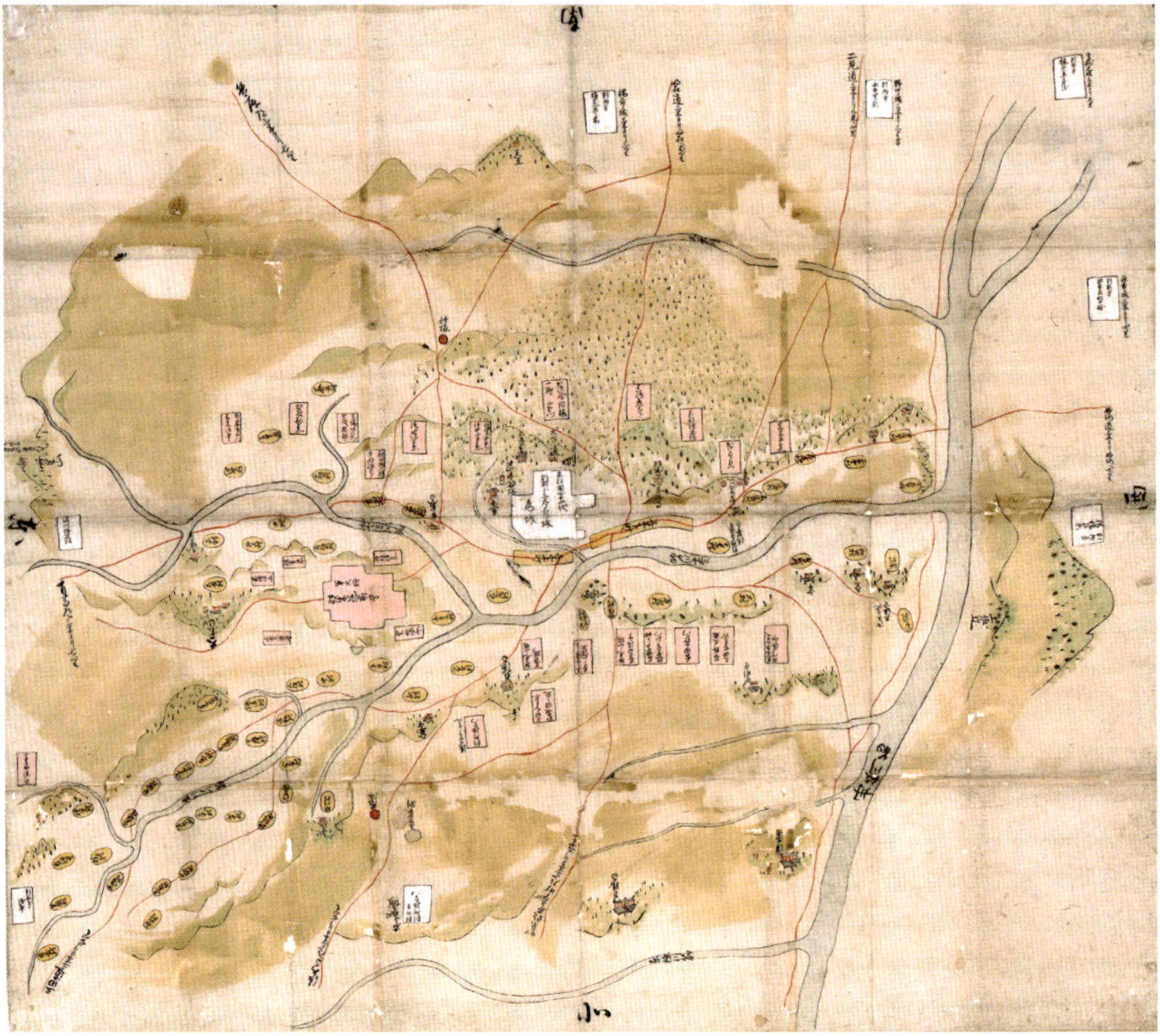

羽柴秀吉三木城包囲図■兵庫県三木市・雲龍寺蔵　写真提供：三木市教育委員会

軍し、八月二十二日に大和へ帰国した（『多聞院日記』）。

十月七日、順慶は戒重・大仏供《だいぶく》両氏を征伐するため十市城へ出陣した。九日には大坂本願寺を支援する吉野一向衆を攻め、吉野郷の方々を焼いた。十一日、上市《かみいち》・下市《しもいち》・飯貝《いいがい》以下をことごとく焼き払い、二十八日には下市に城を構えて兵を入れ、この日、陣を改めている（『多聞院日記』）。

十二月十一日、信長は謀叛を起こした荒木村重が籠もる摂津有岡《ありおか》城（兵庫県伊丹市）を攻めるため、各所に付城の築城を命じ、自身も古池田《ふるいけだ》（大阪府池田市）に陣を置いた。このとき、順慶は信長から、佐久間信盛・明智光秀とともに羽柴秀吉を援護するため、播磨への出陣を命じられている。順慶らは摂津有馬《ありま》郡の三田《さんだ》城（兵庫県三田市）攻略のため、道場河原《どうじょうがわら》（神戸市北区）・三本松《さんぼんまつ》（同）の二か所に「足懸り」を築き、ここに羽柴秀吉の軍勢が入った。さらに播磨へ進軍し、別所長治が籠もる三木城の周囲を取り囲む「取出城々」に対し、兵粮・鉄炮・玉薬の補給をするとともに普請などを行い（『信長公記』）、翌七年正月三日に帰国した（『多聞院日記』）。

四月十日になると、今度は丹羽長秀・山城衆とともに出陣する（『信長公記』）。関連して、二十三・二十四日に興福寺成身院で「筒井播州出陣の為祈祷」が行われていることから（『多聞院日記』）、再び播磨に向かったことがわかる。なお、五月二十一日に順慶が春日社に参詣していることから、この日までには帰国している（『多聞院日記』）。

秋津城跡■筒井方による吉野一向宗攻めの陣城と考えらえる。主郭前面に外枡形状の郭がみられる　奈良県下市町

『英名百雄伝』に描かれた荒木村重■※

順慶は十月にも有岡城攻めに出陣しており、十五日の戦闘では味方の鷹山・塩屋采女・別所左馬介・和田吉太夫らが討ち死にしたようである（『多聞院日記』）。十一月十九日、主が不在となった有岡城は織田方に引き渡された。なお、村重は九月二日に尼崎城《あまがさき》（兵庫県尼崎市）へ移って徹底抗戦しており、有岡城の開城条件である尼崎城と花隈城《はなくま》（神戸市中央区）の明け渡しを拒否したことから、人質となっていた村重の妻子・一族らが京都六条河原《ろくじょうがわら》で処刑されている。

大和一国破城で筒井城も破却される

天正七年（一五七九）に入ると、筒井城の改修が始まった。『多聞院日記』同年八月一日条には、「此間筒井へ多聞山ノ石を奈良中人夫ニ申し付けこれを運ぶと云々、各迷惑之由也、去りながら爰元《ここもと》ノ為ニハ山ヲクッス事大慶也」とあり、筒井城へ多聞山城の石（石垣か）が運び込まれていることから、筒井城の改修がこのときに行われようとしていたことがわかる。それを裏づけるように、九月十三日には番匠《ばんしょう》が筒井城へ呼ばれていることから、筒井城の改修が実際に行われたものといえよう。

翌八年の正月十五日、順慶と大和国衆は安土城へ年頭の礼に向かった（『多聞院日記』）。このようななか、十七日には別所長治が自害し、三木城が羽柴秀吉に明け渡された。これにより、播磨のほぼ全域が織田方の手に下り、畿内に残る大敵は、

有岡城跡■もとは伊丹氏の居城・伊丹城だったが、のちに荒木村重が入城して改修し、有岡城となった。総構えが築かれたことで知られている　兵庫県伊丹市

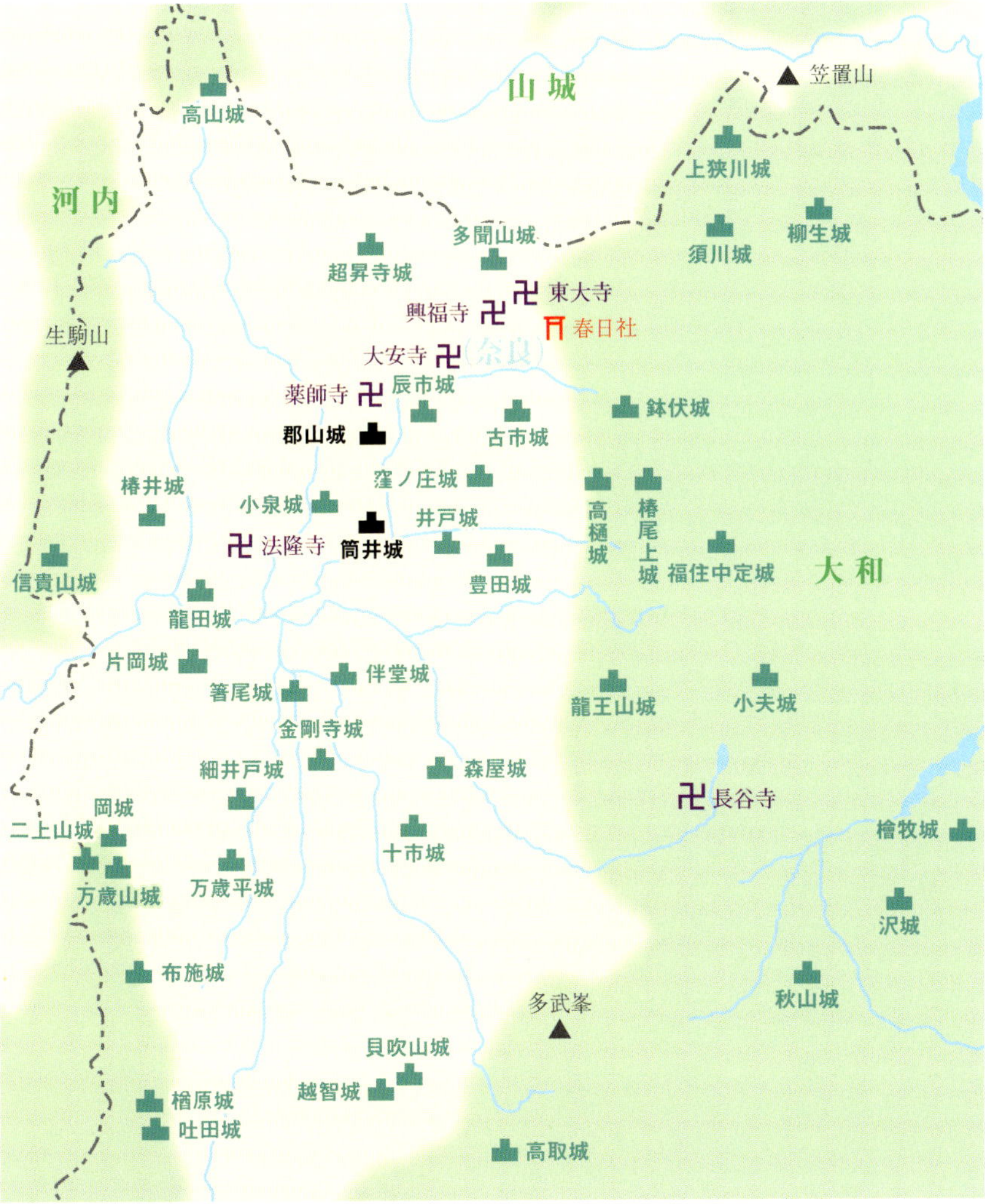

図６　大和の主要城郭分布図■大和一国破城により、大部分の城が破却された

大坂本願寺のみとなった。順慶は閏三月十七日、鉄砲鋳造のため、奈良中の釣鐘を徴収している（『多聞院日記』）。国中の寺社も同様であったようで、これは大坂本願寺攻めと連動したものといえよう。後がなくなった大坂本願寺門主教如《きょうにょ》は、八月二日に大坂を退去し、ここに、元亀元年（一五七〇）以来、十年に及ぶ信長と大坂本願寺との合戦は終結する。

その直後、信長は順慶に対し、郡山城を除く「国中諸城」を破却するよう命じた。『多聞院日記』同年八月四日条に、「一、順慶二日二京へ上る、昨夕帰りおわんぬ、国中諸城破るべくと云々」とある。さらに、大和のみならず、摂津・河内の諸城も破却されることとなり、八日には順慶も城破りのために河内へ向かった。

そして、同十七日条には「一、河州より筒順昨日帰る、今日平城破却すと云々、当国悉くもって破るべくと云々、郡山一城迄残るべくと云々、諸方もっての外騒動也（後略）」とあるように、十七日に筒井城の破却作業が始まり、大和では郡山城だけが残ることとなった。筒井城破却の際、信長の「上使衆」が筒井城へやってきたことから、かなりの動揺があったようである。筒井城の破却は、奈良中の家ごとに課された人夫によって十九日にも行われ、二十日になってようやく国中の破城はほぼ完了し、郡山城は順慶へ与えられることとなった（『多聞院日記』）。

しかし、順慶はすぐには郡山城へ入城しなかった。『多聞院日記』天正八年十一月九日条には、

教如上人画像■信長と激しく対立した顕如の子。顕如が大坂本願寺から紀伊の鷺森御坊へ退去したのちも、教如は信長との徹底抗戦を主張したため、顕如から義絶された　和歌山県立博物館蔵

一、（前略）昨夜安土ヨリ慥かニ注進状来たる、（中略）順慶ニハ郡山へ入城有るべし、箸尾ハ順ノ与力ニナレト、国中一円筒井存知ト七日ノ申刻ニ御朱印給うと云々、大慶此事（後略）

とある。これによると、信長の「御朱印」により、順慶は郡山城に入り、箸尾為綱*は順慶の与力になるよう命じられたことがわかる。そして十二日、順慶は郡山城へ赴き、信長の使いから城を渡されたのであった（『多聞院日記』）。

なお、一国破城実施後の九月二十六日、信長の上使・滝川一益と明智光秀は寺社も含む大和の全領主に対して検地《けんち》の指出《さしだし》を命じ、十月二十三日にほぼ完了した（『多聞院日記』）。松尾良隆氏によると、一国破城と検地の指出という二つの政策の目的は、前者が国人衆を在地から引き離し、彼らを筒井氏の支配下に結集させること、後者が石高による知行高の正確な把握による、国人衆に対する軍役などの賦課台帳の作成にあり、いずれもが相まって大和の軍制を確立するためのものであったとされる（松尾一九八三）。これにより、織田政権下における順慶による郡山城を拠点とした順慶による一元的な大和支配は、ここから始まったといえよう。

そして、順慶はこれを契機に反筒井方であった国人衆の粛清に乗り出す。十月二十八日には光秀・一益とともに戒重・岡・大仏供・高田・吉備氏らを処刑し（『多聞院日記』・『蓮成院記録』）、十一月二十四日には郡山辰巳父子らを自害させ（『多聞院日記』・『薬師寺上下公文所要録』）、ついで翌九年六月三日に吐田《はんだ》氏を自害させるな

*箸尾為綱■箸尾氏は大和国広瀬郡の勢力で、箸尾城を本拠とした。為綱は当初、松永方であったが、元亀二年（一五七一）には敵方の筒井氏に寝返り、辰市城の戦いで久秀が大敗する要因を作った人物である。のちに、羽柴秀吉の弟秀長に仕えたことでも知られる。

復元された郡山城の追手向櫓（手前）と追手門（奥）■奈良県大和郡山市

ど（『多聞院日記』）、順慶による国人衆の統制が行われていった。六月十五日、順慶は吐田氏の所領約千石を信長から宛行われ、その礼のため、坂本にいる信長のもとを訪れている（『多聞院日記』）。

これらのことから、谷口克弘氏は、順慶は大和国衆の軍事統率権や検断権を持ちながらも、知行宛行権までは委ねられていなかったものと推察している（谷口二〇一二）。

大和一国破城・指出検地も信長の主導によるものであったことを合わせると、織田政権下における順慶の地位は、信長から任用された外様大名という立場に甘んじていたと評価できよう。

■筒井城に在城していたのは誰か■

ここでは、元亀二年（一五七一）八月に順慶が筒井城に復帰してから、天正八年（一五八〇）に廃城するまでの間における、筒井城にいた家臣団についてみてみよう。在城者の内訳として、在住者の例も含めてまとめてみたのが表1である（金松二〇〇四）。

ここからは、他に在地性を持たないので「在住」していると判断できる順慶の母（「筒井後室」・「大方」）。内衆の中でも重臣で、頻繁に在城が確認できる松蔵《まつくら》権助秀《ひで》

検地絵図■松本市立博物館蔵

表1　筒井家臣等の筒井在城一覧

人名	筒井在城関連記事（尋＝尋憲記、多＝多聞院日記、二＝二条宴乗記）	備考
筒井		
筒井後室（大方）	元亀2年10月4日(尋)、元亀2年10月5日(尋)、元亀2年12月26日(尋)、天正2年正月30日(二)、天正4年11月12日(多)、天正5年9月7日(多)、天正6年正月9日(多)、天正7年6月23日(多)	天正2年正月1日人質として多聞山城に上る(尋)。天正2年3月23日～4年11月11日の間、人質として勝龍寺城に在す(多)。
松蔵権助秀政	元亀2年8月26日(尋)、元亀2年10月2日(尋)、元亀2年10月4日(尋)、元亀2年10月5日(尋)、元亀2年10月7日(尋)、元亀2年10月9日(尋)、元亀2年12月26日(尋)、天正2年正月30日(二)、天正2年12月1日(多)、天正4年5月6日(多)、天正6年正月9日(多)、天正7年6月23日(多)	天正11年12月1日没
松田善七郎盛勝（松田縫殿助）	元亀2年8月26日(尋)、元亀2年10月2日(尋)、元亀2年10月4日(尋)、元亀2年10月5日(尋)、元亀2年10月7日(尋)、元亀2年10月9日(尋)、元亀2年12月25日(尋)、元亀2年12月26日(尋)、天正4年5月5日(多)、天正4年5月11日(多)、天正6年正月9日(多)	
八條相模公長祐	元亀2年10月4日(尋)、元亀2年10月5日(尋)、元亀2年12月26日(尋)、天正2年正月30日(二)	天正17年8月3日没（享年82）
飯田出羽入道	天正2年正月30日(二)、天正4年5月5日(多)	天正5年9月13日没（享年57）
中坊飛騨公英祐	天正2年正月30日(二)、天正4年5月6日(多)	天正11年12月29日大名成
中西伊右衛門尉	天正7年6月23日(多)	天正11年12月29日大名成
松与二郎（松蔵弥二郎）	天正7年6月23日(多)	天正11年12月29日大名成
浄田	天正4年5月11日(多)	
代官衆	天正4年6月6日(多)	
中坊衆	天正4年7月28日(多)	
小侍従	天正6年正月9日(多)	
源二郎	天正5年9月7日(多)、天正6年正月9日(多)、天正7年6月23日(多)	筒井後室近習
寿金	天正6年正月9日(多)、天正7年6月23日(多)	松蔵秀政近習
甚太夫	天正6年正月9日(多)、天正7年6月23日(多)	松蔵秀政近習
宗五郎	天正6年正月9日(多)	
孫八郎	天正7年6月23日(多)	
二太郎	天正5年9月7日(多)	
十市後室	天正5年9月7日(多)、天正5年10月7日(多)、天正6年正月9日(多)、天正7年6月23日(多)、天正8年正月8日(多)、天正8年6月10日(多)、天正8年8月17日(多)、天正9年6月18日(多)、天正10年2月28日(多)、天正10年12月22日(多)	
御ナヘ	天正6年正月9日(多)、天正7年6月23日(多)	十市後室方

沙弥	天正7年6月23日(多)	十市後室方
十市新二郎	天正7年6月23日(多)	十市後室方
上権	天正6年正月9日(多)、天正7年6月23日(多)	十市後室方
林右	天正7年6月23日(多)	十市後室方
御三	天正6年正月9日(多)、	十市後室方
おつほね	天正6年正月9日(多)、天正7年6月23日(多)	十市後室方
御なへ御ち	天正6年正月9日(多)、天正7年6月23日(多)	十市後室方
殿ノ御ち	天正7年6月23日(多)	十市後室方
けいせい	天正6年正月9日(多)	十市後室方
ミヤウ覚	天正6年正月9日(多)	十市後室方
ノワキ	天正6年正月9日(多)	十市後室方
侍従	天正7年6月23日(多)	十市後室方
明円坊	天正7年6月23日(多)	十市後室方
玄清	天正7年6月23日(多)	十市後室方
虎右衛門	天正7年6月23日(多)	十市後室方
藤七郎	天正7年6月23日(多)	十市後室方
馬ノ中間	天正7年6月23日(多)	十市後室方
西京十輪院	天正7年6月23日(多)	十市後室方
内衆	天正7年6月23日(多)	十市後室方
吉祥院	元亀2年10月2日(尋)、元亀2年10月4日(尋)	一時在城
蓮華院	元亀2年10月4日(尋)	一時在城
三渕大和守	元亀2年10月4日(尋)	一時在城
池嶋	元亀2年10月4日(尋)	一時在城

政《まさ》・松田善七郎盛勝《もりかつ》、内衆だが松蔵・松田の下位に位置する家臣で、頻繁には在城が確認できない八条《はちじょう》相模公長祐・飯田出羽入道・中坊飛騨公・松蔵弥二郎・中西伊右衛門尉・浄田。順慶の母や内衆の近習と思われる源二郎・寿金・甚太夫・宗五郎・孫八郎・二太郎。そして天正五年十月七日、筒井城に在住することになった与*力の十市後室方などで占められていたものと思われる。

十市後室は、娘「御ナヘ」が松永久通の妻となっていたが、松永久秀・久通父子

＊与力■被官と比較して緩やかに従属する者。筒井氏の場合、外様的な国衆が該当する。

が織田信長を裏切り、信貴山城に籠城したことから、順慶がその身を案じ、そのさなかに十市後室方を筒井城に引き取っている。

そして、十市後室方を除くと、与力が確認できないことに注目したい。すなわち、与力は筒井城への在住はおろか、ほとんど在城すらもしていなかった可能性が高いのである。当該期の順慶による家臣団形成は、とくに与力を家臣団に組み入れきれておらず、いまだ安定していなかったといえる。

新たな居城・郡山城を改修

さて、順慶が郡山に入城すると、郡山城の普請が行われた。天正九年（一五八一）五月九日、奈良中の番匠がことごとく郡山城へ呼ばれており、このころには郡山城の改修が行われていたことがわかる。続いて、八月十九日に明智光秀が百人ほどを引き連れ、郡山城普請の見舞いに訪れているので、郡山城の改修は、織田政権の下で行われたことがわかる。そして、同十一年四月二十二日に、ついに「天主」が竣工した（『多聞院日記』）。

「天主」の完成以降、筒井期の郡山城普請に関する史料は確認できないことから、織豊系城郭の象徴といえる「天主」＝天守の完成を、郡山城の一応の完成とみなすことができよう。このように、郡山城の普請は史料上、天正九年五月から十一年四

松永久秀・久通の墓■墓のある地はもともと久秀の屋敷があった場所であった　京都市下京区・妙恵会墓地

月まで確認できることから、継続的に行われていたといえ、その技術力・労働力は、奈良の番匠や人夫に頼っていた。

なお、平成二十六年に大和郡山市教育委員会が実施した石垣解体工事にともなう発掘調査によって、現在残っている天守台の築造時期は十六世紀末、すなわち、筒井氏の次に城主となった羽柴秀長《ひでなが》・秀保《ひでやす》・増田《ました》長盛《ながもり》期に下ると判断されている（十文字二〇一五）。

郡山城跡の天守台■奈良県大和郡山市

順慶が築いた天守は、天守台を伴わない簡易なものであったのだろうか。それとも、秀長期以降に新天守が築かれたとして、順慶期の天守台が撤去されてしまったのだろうか。いずれにせよ、今後の調査研究に期待したい。

ところで、城内で実施されたこれまでの発掘調査でも、筒井段階の遺構は見つかっていないとされている。このことから、現在の郡山城に筒井時代の面影はほとんどみられず、秀長期以降の大改修を経て完成したようである。

（右）郡山城出土瓦（安土城同文）（左）郡山城出土瓦（多聞山城同文）■ともに大和郡山市教育委員会蔵

諸国城郭絵図・和州郡山城絵図（部分）■国立公文書館内閣文庫蔵

第二章　本能寺の変と秀吉への帰属

■本能寺の変当日はどこにいたか■

天正九年（一五八一）二月二十八日、織田信長は五畿内隣国の「大名《だいみょう》・小名《しょうみょう》・御家人《ごけにん》」を召し寄せて、駿馬《しゅんめ》を集め、京都で馬揃え*を行った。これは正親町《おおぎまち》天皇の叡覧《えいらん》のもとで盛大に執り行われ、三番目に明智光秀と大和・上山城衆が馬場入りしており（『信長公記』）、順慶は光秀に従って、大和衆として参加したものと考えられる。このことから、順慶は「近畿管領《きんきかんれい》」ともいうべき地位にあった明智光秀の軍事指揮権下にあったといえる。

ところで、大和は安定期を迎えつつあったものの、相変わらず順慶は、信長による他国攻めに駆り出されることが多かった。この年九月三日、順慶は信長の命で織田信雄《のぶかつ》を総大将とする伊賀攻めに出陣している。大和からは、宇陀郡衆が南伊賀へ、順慶自身は畑口《はたぐち》（山添村）へ向かい、筒井軍の大将・福住氏が、大和盆地南部を拠点とする与力で構成される南方衆を率い、黒田《くろだ》峠（笠間峠・宇陀市）から名張《なばり》（三重県名張市）へ打ち入った（『多聞院日記』）。

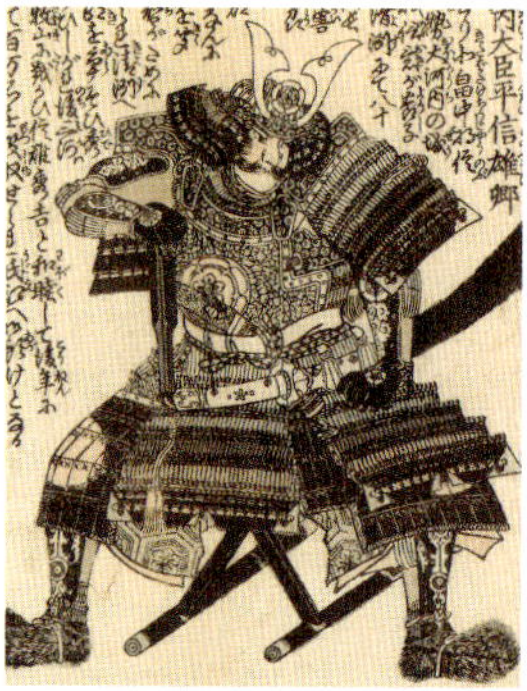

『英名百雄伝』に描かれた織田信雄■織田信長の子で、伊勢の名族・北畠氏の養子に入り、同家を相続した。本能寺の変までは織田軍による紀伊・伊賀攻めなどで活躍している　※

＊馬揃え■騎馬を集めた武家の行事で、軍事パレードの側面ももった。信長によって開催されたこのときの馬揃えは、織田家のほとんどの武将を集めた大規模なものであった。

伊賀攻めは順調に進み、和談により、順慶は伊賀の二十城余りを十四日に請け取り、十七日頃には伊賀一円がほぼ落ち着いたようで、諸城を破却している（『多聞院日記』）。その際、順慶は「春日山」に逃散した一揆衆を追って山中を捜索し、大将分七十五人、その他の数多くの者共を切り捨てている。十月十二日には、信長が信雄の陣所や順慶・丹羽長秀の陣所、小波多《おばた》（三重県名張市）などを視察に訪れ、要所の各在所に要害を築くように命じた（『信長公記』）。これは、伊賀平定後の戦後処理のための指示と考えられる。十七日になると、順慶は伊賀の陣をすべて引き払っている（『多聞院日記』）。

同十年正月一日、順慶は箸尾氏と越智氏を引き連れて安土城を訪れ、明智光秀・松井友閑に続いて、信長に対して年頭の挨拶を行った（『天王寺屋会記宗及茶湯日記他会記』）。

そして、この年から開始された、信長による武田勝頼攻めにも動員されることになった。二月九日、順慶は大和の軍勢を召し連れて出征するよう、内々でその準備をすること、ただし、高野山方面に在陣の諸将は少し残し、吉野口の警固をするよう、信長から命じられている（『信長公記』）。三月四日には、信長の出陣に合わせて大和国衆が奈良に着陣し、五日には「南方衆」の先陣が山城に到着し、「越智・万歳・楢原・十市大将衆」は

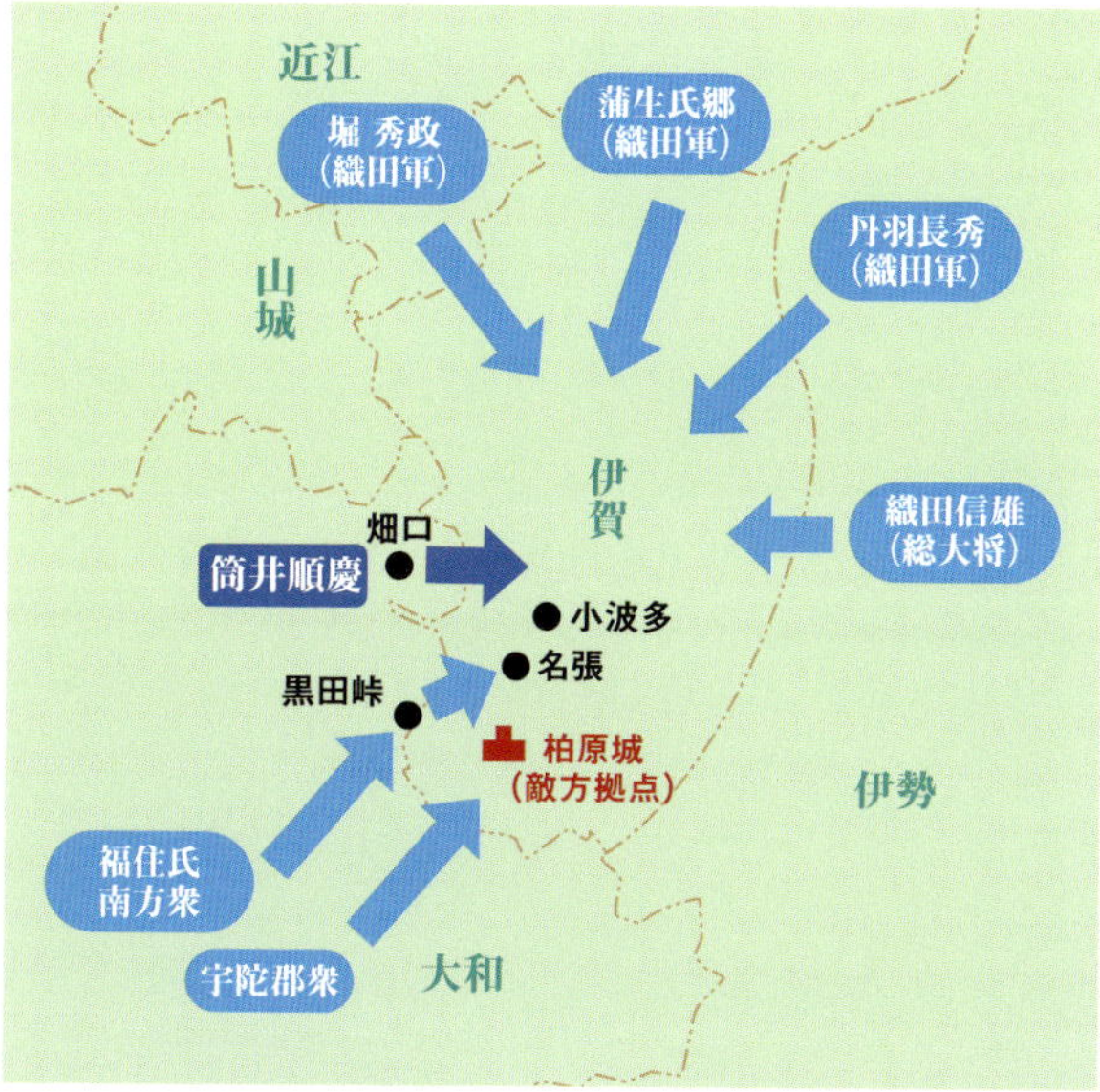

図7　信長の伊賀攻め関係図

奈良に留まり、六日未明にいよいよ順慶が出陣することとなった（『蓮成院記録』）。『多聞院日記』同三日条では、

一、筒井順慶・諸与力国中衆悉くもって今朝早旦ヨリ陣立ておわんぬ、信長来たる九日信州へ出馬に付き、惟任（明智光秀）五日ニ出勢、一手ノ衆ノ間今日出おわんぬ

とある。すなわち、順慶は明智光秀の軍勢の一員として参陣していることがわかる。なお、実際には信長は五日に安土を出発しており、順慶らが出陣した日も『蓮成院記録』の記載とは異なっている。ただ、おおむね三月初旬に順慶らが出陣したということで解釈してよかろう。

織田軍の侵攻は順調に進み、勝頼と嫡男信勝《のぶかつ》が三月十一日に自害し、武田家は滅亡した。信長は、二十八日に旧武田領の知行割と甲斐・信濃両国の国掟《くにおきて》*1を定めた後、四月二日に諏訪《すわ》（長野県諏訪市）を出発し、安土への帰路に就く。大和の軍勢は四月七日に帰国したが、順慶は、信長の駿河経由の帰路に随行していたため、二十一日になってようやく帰国を果たす（『多聞院日記』）。

五月十七日、順慶は二十日からの西国出陣の用意のため、安土から帰国した（『多聞院日記』）。これは、羽柴秀吉を大将とする備中高松《たかまつ》城攻めの援軍として、信長から出陣を命じられたものといえる。十五日には、徳川家康が武田旧領の駿河国を拝領したお礼のため安土を訪問した際、明智光秀が接待しているが、順慶もこの場に

備中高松城跡■もとは石川氏の城だったが、毛利氏に滅ぼされると毛利方の城となった。攻め寄せてきた秀吉軍と対峙し、水攻めをされたことで有名である　岡山市北区

※1　国掟■新しく統治することになった国に対して、統治方針や禁止事項を通知したもの。

参加していたのであろう。同じく光秀も信長から出陣を命じられ、居城の坂本城《さかもと》（大津市）へ帰っていった。

だが、二十七日になると、順慶は西国ではなく東国へ出陣する運びとなった。これにより、順慶は西国出陣のために奈良中から徴収した人夫役五百石を、すべて返却している。そして、順慶は東国出陣に向けて、「藤屋」という場所で二夜三日の立願参籠《りつがんさんろう》*2を開始した。このときの参籠は、「順興・順昭・順政三代ノ間ニモ此くの如きノ事覚えず、珍重々々」というほどの、筒井家にとって特筆すべき出来事であった（『多聞院日記』）。これについては、実は東国への国替えにともなうものだったのではないかとする見解があるが（谷口二〇一四）、推測の域を出ない。

六月一日の朝に順慶は藤屋を退出し、二日朝に京へと向かう。しかし、信長が西国へ出陣することとなり、すでに安土へ帰ったとのことを聞き、順慶は途中から郡山へ引き返した（『多聞院日記』）。実は、この日の早暁、本能寺《ほんのうじ》（京都市中京区）に滞在していた主君信長を光秀が急襲し、自害に追い込んでいたのである。

■光秀につくか、秀吉につくか■

天正十年（一五八二）六月二日の早暁、織田信長は羽柴秀吉が進めていた備中高松城攻めの支援に向かうための宿舎としていた本能寺で明智光秀の謀反にあい、あ

*2　立願参籠■ある目的を達成することを祈って、一定期間、神社や寺院に籠もること。

本能寺跡■当時の本能寺は現在地ではなく四条堀川の近くにあった。現在の本能寺は豊臣秀吉が再建したもの　京都市中京区

本能寺焼討之図■個人蔵

えない最期を遂げる。順慶はこの日に東国出陣のために上洛する予定だったが、すでに述べたように、誤報によって叶わなかった。

ここで、本能寺の変後の順慶の動向を子細に見ていきたい。三日、大和の「当国衆」はことごとく大安寺・辰市・東九条・法華寺辺りに陣取り、四日には南方衆と山城槙島城主・＊井戸良弘《よしひろ》の一部の軍勢が光秀方についたという（『多聞院日記』）。

五日には、前日に山城へ出陣した軍勢（三日に大安寺などに陣取った大和国衆か）が早くも退いた。これは、信長の三男織田信孝《のぶたか》と申し合わせたためという。しかしながら、南山城の木津《きづ》氏が順慶へ申し合わせて「在所」へ入り、先日山城へ出陣した筒井の軍勢（南方衆・井戸良弘の軍勢か）が近江へ到着し、光秀と手を合

織田信長の墓■信忠や信雄など、息子たちの墓と並んで弔われている　京都市北区・大徳寺総見院

『太平記英雄伝』に描かれた織田信孝■個人蔵

＊井戸良弘■大和国の国人で、筒井氏の配下であったが、やがて筒井氏からは離れ、信長に仕えた。信長の下では塙直政の配下として付けられ、直政の死後は再び筒井氏に付けられている。

わせ、「順慶ハ堅くもって惟任《(明智光秀)》ト一味と云々」と伝聞されるなど、順慶の立ち位置についての情報が錯綜している（『多聞院日記』）。

九日、予定されていた筒井軍による河内への出陣が延引し、郡山城へ塩と米が搬入された（『多聞院日記』）。これは、光秀方として河内へ出陣する予定を取りやめるとともに、光秀方からの攻撃に備えて兵糧を蓄えたものと解釈できる。このころには、羽柴秀吉が毛利方と和睦して、近日中に上洛するとの風聞が伝わっており、順慶は秀吉に味方すべく動いているとの噂が広まっていた（『蓮成院記録』）。

十日になると、山城へ出陣していた筒井方の軍勢（南方衆か）が大和へ帰国した（『多聞院日記』）。一方、光秀はこのころ「山崎八播《(幡)》ホラ《(洞ヶ)》カ峠」に着陣していた（『蓮成院記録』）。この日、光秀は順慶のもとへ使者藤田伝五《ふじたでんご》を派遣し（『蓮成院記録』では五日）、帰順を説得したが、順慶はこれを拒否している。このように、事態が混迷を深めるなか、順慶が切腹したとの噂も流れた（『多聞院日記』）。

去就が注目されるなか、十一日に順慶は、ついに秀吉に味方する旨を約した誓紙《せいし》を差し出す。これに際して、郡山城に国中の与力が集まり、「血判起請《けっぱんきしょう》」に押印し、団結を図っている（『多聞院日記』）。ここに、順慶と大和国衆は秀吉への帰順を明確に示したのだ。

光秀と秀吉が激突した山崎の戦い直前に発給された十三日付けの順慶宛ての織田信孝書状によると、今日（十三日）、先鋒が山崎（京都府大山崎町）・勝龍寺《しょうりゅうじ》（京都

山崎合戦を描いた浮世絵・山崎大戦之図
■個人蔵

府長岡京市）へ攻め込むので、信孝の軍勢は天神馬場《てんじんばば》（大阪府高槻市）に陣取っており、明日西岡《にしのおか》（京都府向日市）に進発するから、順慶も「上山城口」へ出陣するよう命じられている（「筒井貞氏所蔵文書」戦三・一九三二）。

この文書の添状として発給された、同日付けの羽柴秀吉・丹羽長秀連署状によると、この日、信孝が淀川《よどがわ》を越えて摂津高槻《たかつき》方面で陣を張る予定で、明日は西岡方面に陣を進めるので、順慶に対して軍勢を山城に送るよう促している（「名張藤堂家文書」戦三・参考一四五）。信孝とそれを支える秀吉・長秀に大義名分があるため、順慶は反光秀方に味方する決心をしたといえよう。

そして十三日の夕刻、光秀は山崎で秀吉方と戦って敗れ、山城勝龍寺城を抜け出し、坂本城に向かう途中、百姓に襲われて敗死した。

これにより、光秀に加担して槇島城を守っていた井戸良弘が十四日には筒井方に城を明け渡すこととなり、井戸重郎の一部の軍勢や南方衆の越智・楢原・万歳以下の軍勢が山城へと向かった（『多聞院日記』）。順慶自身も十五日に一千ほどの兵を率いて出陣し、総勢六・七千人の筒井軍が醍醐（京都市伏見区）へ着陣するが、ここで秀吉から叱責を受ける。『多聞院日記』同日条には、

一、順慶今朝自身千計ニテ立ちおわんぬ、昨今人数六七千立てこれ在るべくと云々、今夕醍醐に陳取るト申す、余りニ見合わせられ、筑州（羽柴秀吉）ヨリ曲事ト申すと云々（後略）

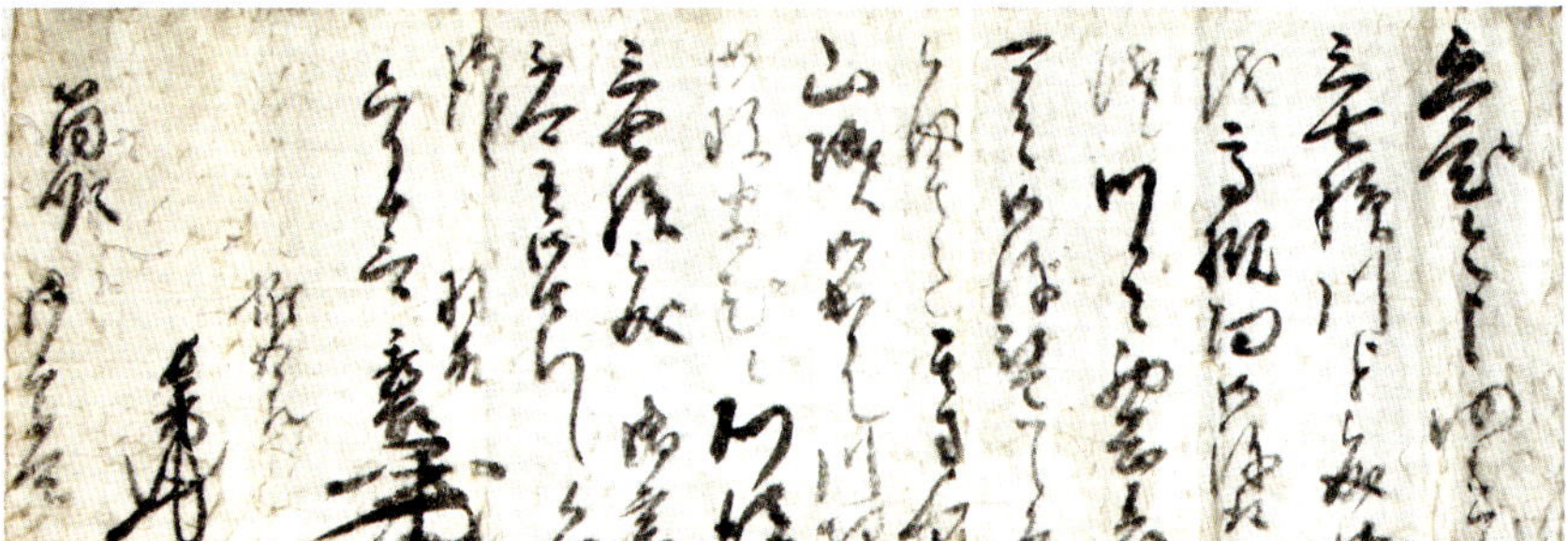

（天正10年）6月13日付け筒井順慶宛て羽柴秀吉・丹羽長秀連署状■内容は本文を参照　名張藤堂家文書　名張市教育委員会蔵

とある。つまり、順慶が秀吉方への帰順が遅れたことは、あまりにも曲事《くせごと》（けしからぬこと）であると受け取られたのであった。

一連の順慶の動向は、従来言われてきたように、一見すると「日和見」のようにみえる。しかし、実際には秀吉の中国大返しを察知し、戦局を見極めたうえで家中をとりまとめ、秀吉方につく決断を下しているのだ。少なくとも秀吉にとっては、六・七千人の軍勢を持つ順慶が光秀に味方しなかっただけでも御の字だっただろう。順慶の決断は、肯定的に捉えて、高く評価すべきではないだろうか。

■洞ヶ峠で日和見説の虚実■

さて、明智光秀が滅んで緊張状態が緩和しはじめた天正十年（一五八二）六月二十七日、織田信忠の嫡男・三法師《さんぼうし》（のちの秀信《ひでのぶ》）が身を寄せていた尾張清須《きよす》城（愛知県清須市）に織田家の諸将が集まり、信長・信忠死後の方針を決めるための協議が行われた。これを清須会議という。この会議では、三法師を後継者とすることは、既定路線であり、その名代を織田信雄・信孝兄弟のどちらが務めるかが一番の議題であった。結果としては、名代は不在とし、柴田勝家・羽柴秀吉・丹羽長秀・池田恒興の宿老衆と三法師の傅役《もりやく》の堀秀政の五人が合議により織田政権を運営していくことに決まった。所領配分は、秀吉が山城国・丹波国・河内国東部を統治すること

丹羽長秀画像■尾張国出身の武将で、信長に重用され織田家の宿老となった。信長から若狭国を与えられるとともに、「惟住」の姓を与えられている　東京大学史料編纂所蔵模本

となり、光秀討伐の立役者となった秀吉優位の結果となった（柴二〇一八）。

なお、清須会議直後の七月七日までに、順慶は秀吉から、「和州一国一円」と宇智《うち》郡・宇陀郡が与えられている。ただし、『多聞院日記』には、「宇多郡」の左横に「ウソ」とあることから、少なくとも宇陀郡は対象外であった可能性が高い。また、十一日には、順慶は秀吉の大和取次《とりつぎ》を務めることとなった伊藤掃部助《いとうかもんのすけ》に超昇寺（奈良市）を渡すとともに、小泉四郎《こいずみしろう》を人質として差し出している（『多聞院日記』）。

小泉四郎とは後の筒井定次《さだつぐ》のことで、順慶の養子である。『寛政重修諸家譜』によると、定次は永禄五年（一五六二）に慈明寺左門順国《じみょうじさもんじゅんこく》の次男として、大和国慈明寺城（橿原市）に生まれたとする。母は順昭の娘で、順慶にとっては甥に当たり、元亀三年（一五七二）正月十一日に順慶の養子となったとある。なお、妻は信長の娘としている。ただし、後世に編さんされた史料であるとともに、『多聞院日記』では小泉の姓を名乗っていることから、これらの真偽は不明である。

さて、大和国内においても、本能寺の変の混乱に乗じて、伊賀の地侍《じざむらい》とみられる侍牢人衆が伊賀に隣接する山辺郡畑に進出し、城を築いたことから、七月二十八日、筒井方は松蔵弥八郎・井上九三郎以下、一千ほどの軍勢が出陣し、これらを追い払った（『多聞院日記』）。

ところで、本能寺の変の直後、周辺では順慶が光秀に加担していたと認識されていたことは、前述の『多聞院日記』で知られる。また、六月十五日付けで小早川隆《こばやかわたか》

清洲城跡■当時の名称は清須城。尾張の中央部に位置し、交通の要衝でもあった。信長も十年ほど居城としている　愛知県清須市

景《かげ》が毛利氏重臣の粟屋元種《あわやもとたね》に宛てた書状（「三原浅野家文書」）では、播磨からただ今入った情報として、「今度謀反之衆、明智・大和筒井・安土に福角・美濃三人衆」とあり、光秀と並んで順慶が首謀者の一人と認識されている。だが、いずれの史料も当事者によるものではなく、伝聞が含まれているため、そのまま鵜呑みにすることはできず、真相は明らかにならない。

山崎合戦図屏風に描かれた筒井順慶■大阪城天守閣蔵

『大和記』（十七世紀後半成立）などでは、順慶が洞ヶ峠《ほらがとうげ》のある「八幡山」まで出陣し、光秀と秀吉のどちらの味方につくか、最後まで見極めたうえで秀吉に内通したとするが、すでに述べたように、そもそも順慶は大和にとどまっており、実際に洞ヶ峠に出陣したのは、光秀のほうだった。

ただ、順慶が秀吉の中国大返しを察知し、戦局を見極めていたことには変わりなく、そのことから順慶が洞ヶ峠に出陣して、その場で日和見したという風に後世になって脚色されたのであろう。

筒井順慶評定の図■山崎合戦直前に明智光秀から使者が送られ、去就を家臣たちと相談する場面が描かれている『絵本太閤記』※

■徳川家康逃避行の影の立役者■

天正十年（一五八二）六月二日、本能寺の変が起こったとき、堺に滞在していた徳川家康は、急ぎ六月四日には本拠の三河岡崎《おかざき》城（愛知県岡崎市）に帰った。一次史料に基づく通説では、このとき山城宇治田原山口《うじたわらやまぐち》館から甲賀《こうか》信楽《しがらき》小川《おがわ》館を経て、伊賀国境の桜峠を越えて伊賀に入り、加太《かぶと》越えで伊勢国境を越え、海路で三河に帰国したことになっている（藤田二〇一〇）。一方で、大和経由で伊勢と接する*高見《たかみ》峠（東吉野村・三重県松阪市）を越えて帰国したことを示す一次史料があるので紹介しよう。

今度大和越之節、越度なき様めされ給わり忝く存じ候、重ねて越智玄蕃允迠申し入れるべく候、以上、

天正十年午六月　　御諱御判

筒井順慶斎

森本左馬之助殿

竹村九兵衛（道清）殿

外嶋加賀守殿

和田助太夫殿

（『記録御用所本　古文書―近世旗本家伝文書集―』上巻所収）

この文書は、旗本竹村家に伝来した写しであり、天正十年六月付けで家康が順慶

徳川家康銅像■静岡市葵区・駿府城公園

*高見峠■大和と伊勢の国境に位置し、古くから両国をつなぐ街道上の要地であった。近世には紀州藩が参勤交代の際に用いている。

らに対し、帰国に協力したことへの謝意を示し、大和国衆の越智玄蕃允が重ねてそのことを申し入れる旨を伝えたものである。また、次の文書にも「筒井」の名が見える。

今度大和路案内殊に高見峠において相働之段、祝著候、忠賞之儀ハ望み行うべき二候、猶筒井へ申し入れ候、恐々謹言、

六月十日　家康（花押）

和田織部殿

（安井一九六五所収「大串貞一氏所蔵文書」）

六月十日付けで家康が、和田織部に対し、高見峠越え案内への謝意を示し、恩賞については順慶を通じて行う旨を伝えている。掲載写真を見る限り、花押も家康本人のもので間違いない。なお、宛名の和田織部は、順慶の家臣・松蔵重政《しげまさ》の親族とされる（『伊達世臣家譜略記』）。

大和経由説については、昭和四十年に安井久善氏が提唱して以降、平成二十九年に上島秀友氏が奈良新聞で連載した「大和の中世・つれづれ漫歩」で取り上げられるまで、ほとんど検証されてこなかった。これが正しいとすれば、順慶は本能寺の変直後には、家康の帰国を手助けしていたこととなり、当初から明智光秀に対

図８　本能寺の変後の家康の逃走ルート

し、一定の距離を保っていたこととなる。

当時の順慶の妻が家康の妹とされていることからも、順慶が家康を助けることは十分あり得ることといえよう。

信長死後の主導権争い

天正十年（一五八二）九月二十六日、順慶は羽柴秀吉の拠る山崎に向かい、秀吉への忠誠を誓い、二十七日に帰国した（『多聞院日記』）。そして、二十九日に興福寺成身院において、僧位の「中臈《ちゅうろう》」の地位に就く（『蓮成院記録』）。

十月二十三日、順慶は「五畿内之衆」の一員として、秀吉から山崎へ呼び寄せられた（『多聞院日記』）。これは、根来寺《ねごろじ》が和泉の知行裁定を不服としたことから、二十五日に先勢として中村一氏《なかむらかずうじ》・伊藤掃部助・順慶・浅野弥兵衛・若江三人衆・羽柴秀次《ひでつぐ》・三好康長らの出陣を命じるためであったと考えられる（「浅野文書」秀・五二四）。

十一月五日、長浜城《ながはま》（滋賀県長浜市）に拠る柴田勝家の養子勝豊《かつとよ》を攻めるため、近江国へ「当国衆少々」が出陣し、秀吉へ合力した（『多聞院日記』）。ただし、この時点では順慶は出陣しておらず、二十三日には成身院において、僧位の最上位「法印《ほういん》」に転任している（『蓮成院記録』）。

根来寺■覚鑁によって創建された、真義真言宗の総本山。大きな勢力を誇り、戦国期には一大宗教都市を形成した。写真は伝法堂　和歌山県岩出市

十二月六日になると、「当国衆」がことごとく出立し、七日には順慶も出陣した。秀吉は十三日には佐和山《さわやま》城（滋賀県彦根市）へ入り、順慶は佐和山城から南へ一里に位置する「ヒラタ」に陣取った。そしてまもなく、勝豊は和談によって人質を出し、秀吉へ同心する。十八日、順慶は織田信孝の拠る岐阜城攻めのため、垂井《たるい》（岐阜県垂井町）に陣替えした（『多聞院日記』）。尾張方面からは織田信雄の軍勢も迫っていたことから、まもなく信孝も降伏し、当時、岐阜城に身を寄せていた三法師は秀吉が預かることとなる。

近江・美濃と遠征した順慶は二十七日、大和の軍勢とともに無事に帰国した（『多聞院日記』）。

同十一年正月二日、順慶は山崎へ向かい、秀吉に年頭の挨拶を行っている。また、閏正月四日に三法師のいる安土へと出発し、秀吉とともに礼参した後、十一日に帰国した（『多聞院日記』）。このように、順慶は柴田勝家との合戦に向けて、秀吉との関係を密に保っている。

二十九日、順慶は軍勢を率いて近江へ出陣し、そのまま伊勢に転戦した後、柴田方の滝川益重《ますしげ》が籠もる峯《みね》城（三重県亀山市）攻めに参加した。三月二日には筒井方の井戸辰巳氏が討ち死にしているが、十日には順慶が「森山」に在陣している。羽柴方による峯城攻めが続くなか、四月三日に順慶は帰国した（『多聞院日記』）。

峯城跡空撮写真■三重県亀山市　写真提供：亀山市歴史博物館

四月九日、勝家との決戦に備え、筒井の軍勢が近江へ出陣したものの、敵が引いたため、十四日には「番手」を除いて帰陣した。このようななか、十九日に賤ケ岳《しずがたけ》合戦が起こり、羽柴軍は柴田軍を破り、敗走した勝家を北ノ庄《きたのしょう》城（福井市）で自害に追い込んだ。なお、順慶自身は合戦には参加しなかったとみられる。二十五日には筒井の別軍が近江へ出陣し、翌日には入れ替わりで「番手」とみられる「江州筒井与力衆国衆」が帰陣した（『多聞院日記』）。

ところで、織田信雄が順慶に宛てた四月二十四日付けの書状によると、再度反旗を翻した織田信孝に大和国人の沢・秋山氏が味方し、信雄家臣の滝川友足《ともたり》（雄利《かつとし》）が伊賀で苦戦していることから、二・三千人の軍勢を率いて救援に向かうよう要請されている（「大方豊氏所蔵文書」）。そして二十七日には、畑城に再度籠もった牢人を援護するため「伊賀惣人数」が向かったことから、事態は緊迫度を増していく（『多聞院日記』）。

五月六日に帰国した順慶は、息つくまもなく、翌朝に伊賀に向けて出陣した（『多聞院日記』）。しかし、十日には伊賀において筒井の陣が夜討ちに遭い、多数の死傷者を出す大打撃を受けた。『多聞院日記』同日条には、

一、今暁伊賀において筒井陣へ夜討アリ、散々ニ手負数多、井戸堂郎・豊田・白土・楊本・岸田・菅田・嶋左近・松蔵弥八郎、同弥二郎・中村九郎三郎以下悉く手負いおわんぬ、内衆討死手負数知れず、道具悉く取り散らしおわんぬ（後略）

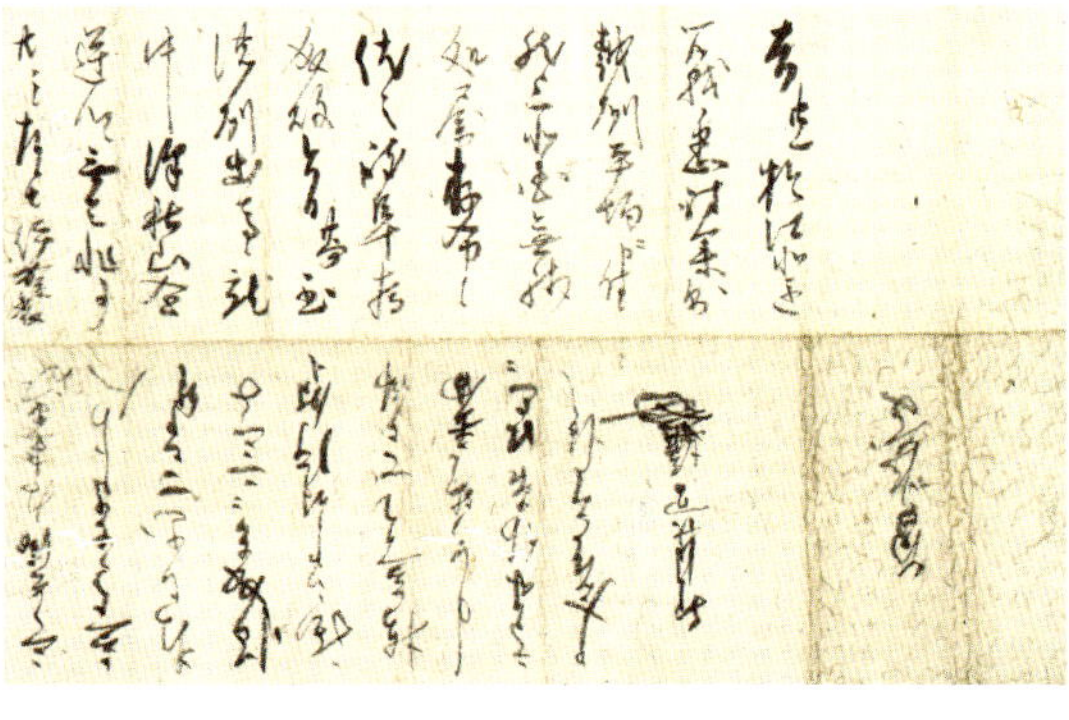

（天正十一年）卯月二十四日付け筒井順慶宛て織田信雄書状■内容は本文を参照　大方豊氏蔵　写真提供：公益財団法人郡山城史跡・柳沢文庫保存会

とある。大打撃を蒙った順慶は、二十日に帰陣した（『多聞院日記』）。

なお、手負い衆の中にみられる「嶋左近《しまさこん》」は、嶋清興《きよおき》のことであり、石田三成《いしだみつなり》の重臣として関ヶ原の戦いで討ち死にした猛将として知られている。もとは大和椿井（平群町）を本拠とする国人であり、筒井家臣としてはこのころに台頭してきたようである。ただし、次項で述べるように、翌年の筒井内衆の大名成《だいみょうなり》の対象外であったことから、重臣の地位にあったわけではなかったようだ。

筒井内衆の大名成

秀吉に帰属した後の順慶は、大和の取次をつとめた秀吉の重臣・伊藤掃部助のもと、豊臣政権に深く干渉・指揮されていくこととなる。それにともない、順慶による大和支配は豊臣政権の直接の監視下に置かれていった。

天正十一年（一五八三）閏正月の楢原《ならはら》右衛門尉の病死を機に、楢原氏は表舞台から姿を消す。そして、八月には越智玄蕃が順慶の意を受けたとみられる家臣の裏切りによって自害し、九月には息子又太郎が追放されるなど、豊臣政権下における順慶の「南方衆」＝与力国人衆の粛清が完了した。そして、総仕上げとして、十二月二十九日に内衆の大名成が行われる。『多聞院日記』同日条には、
一、筒井ニハ各々大名ニこれを召し定めらる、福住・松蔵弥八郎・同弥二郎・

嶋清興書状断簡■いわゆる嶋左近の数少ない史料　青山文庫　国立国会図書館蔵

山崎合戦図屏風に描かれた嶋左近と松蔵右近■大阪城天守閣蔵

森猪介・中西・中坊飛騨・井上九郎三郎・今中・柏木・小和田・中村、以上十一人悉く過分に知行これを与えらると云々、是則ち筑州ノ異見之間、各々大坂へ越し、礼ヲ申すと云々、松蔵弥八郎ハ越智へ入り、三千石与えられ、中飛ハ畑へ入替、今迄三百、畑ニテ五百、合八百石云々、

とあり、秀吉の命により、同名の福住、内衆の松蔵弥八郎・同弥二郎・森猪介・中西・中坊飛騨・井上九郎三郎・今中・柏木・小和田・中村の以上十一人が「大名」に召し定められ、松蔵弥八郎は三千石で越智に、中坊飛騨は八百石で畑に所領を与えられている。

なお、ここでいう「大名」とは、学術用語としての戦国大名ではなく、秀吉から知行を与えられた大身の家臣という意味合いで使われている。この政策の狙いは、

高取城大手門跡■高取山に築かれた山城で、備中松山城・岩村城とともに「日本三大山城」の一つに数えられる。石垣などがよく残る　奈良県高取町

これら内衆を大名に取り立てることによって、崩壊した南方の与力衆の軍制を筒井氏の下に集中させることにあったとされる（小竹一九九九）。ここに、豊臣政権下において、筒井氏を中心として「内衆」に軍事力を集中する集権体制が確立したものといえよう。

同十二年二月上旬、順慶は越智氏が本拠にしていた高取城を復興させた（『多聞院日記』）。先にこの地において所領を配された松蔵弥八郎が城主になったとみられる。これは、豊臣政権の関与のもとになされたものと言え、郡山城の詰城としての役割を担わせるためという側面もあっただろうが、主に大和盆地南部・吉野方面でいまだくすぶり続ける反乱分子の大和国衆を一掃するための拠点としての役割を担わせるためであろう。これにより、順慶の大和支配は大和南部にも影響力を強めていったのである。

ちなみに、松蔵弥八郎は松蔵右近と同一人物とみられ、後世、嶋左近とともに筒井家の「右近左近」と称されている。嫡男の重政は、後に肥前島原藩主として、キリシタンの弾圧や厳しい年貢の取り立てなどの圧政を敷いた結果、子の勝家《かついえ》が藩主期の寛永十四年（一六三七）に、江戸幕府を揺るがした大規模なキリシタン一揆である島原の乱を引き起こした。勝家は、乱鎮圧後にその責任を問われ、改易のうえ、大名としては異例の斬首に処されている。

松倉重政の墓■松倉氏は筒井氏の重臣だったが、順慶が死去し、跡を継いだ定次の代に豊臣家に仕えるようになった。関ヶ原の戦いでは家康方に付き、以後、大名として取り立てられている　長崎県島原市・江東寺　写真提供：しまばら観光おもてなし課

盛大に行われた順慶の葬儀

織田信長の後継者争いにより羽柴秀吉と織田信雄が不和になると、順慶は秀吉方に味方した。天正十二年（一五八四）三月、順慶は秀吉の命により、伊藤掃部助とともに宇陀表へ向かい、沢氏・秋山氏から人質をとり、両者を伊勢への戦いに引き連れていくこととなった（「松雲公採集遺編類纂」秀・九六八）。

十三日、順慶は大和衆を率いて近江へ出陣、二十二日には羽柴秀長らとともに滝川雄利の拠る伊勢松ヶ島城《まつがしまじょう》（三重県松阪市）を包囲した。四月三日、筒井勢が松ヶ島城二ノ丸を攻め取ったが、椿尾・矢田辰巳が討ち死にしたほか、白土・菅田・箸尾・万歳ら、多数の負傷者を出した（『多聞院日記』）。

八日に松ヶ島城が落ちたことから、順慶は尾張へ向かうこととなり、十日には近江日野付近へ着陣し、翌日には羽柴秀長とともに尾張に到着するなど、秀吉方として各地を転戦している（「西山文書」）。

七月七日、筒井方は「小泉四郎」を再び人質として大坂の秀吉のもとに送った。実は、このころには順慶は病を患い、食事をすることもできない状況にあったため、八日の段階では京都で治療を受けていた。再度の人質提出は、順慶の病状が深刻であったことから、秀吉が順慶の死後に備えて要求したものであろう。興福寺では、順慶の回復を願って祈祷などがくり返し行われた。しかし、順慶の病状は悪化の一

松ヶ島城跡■織田信雄によって築かれた城で、のちに信雄の家臣・滝川雄利などが城主をつとめた。豊臣政権下で信雄が失脚すると、蒲生氏郷が入城した　三重県松阪市　写真提供：松阪市教育委員会

途をたどる。そのため京都を出発し、八月三日には宇治を経由して四日の晩に奈良の中坊にたどり着いた。七日の朝に郡山に戻り、九日には堺の「薬師院」という医者が治療に当たっている（『多聞院日記』）。

このように、いろいろ手を尽くしたものの、治療や祈祷の甲斐なく、順慶は八月十一日に息を引き取った。享年三十六であった。『春日社司祐国記』の同日条には、「今日筒井順慶これ無き申す也、同夜ナラノハヤシノコシ（林小路）永所寺（圓證）へこれを送る也」とあるので、亡骸はその夜のうちに南都圓證寺《えんしょうじ》＊（現在は生駒市に移転）に葬られたことがわかる。

順慶には実子がなかったため、「小泉四郎」がその跡を継いだ。ただし、順慶はもともと、筒井家の名跡を番条《ばんじょう》五郎《ごろう》に継がせようと考えており、これには秀吉も同意していたが、五郎にその気はまったくなかったという（『多聞院日記』）。

さて、筒井家中は順慶の弔いも定まらないなか、八月十一日から十三日にかけて、秀吉の出陣に合わせ、「小泉四郎」を名代として尾張へ向けて出陣した。十三日の夕方には、醍醐・山科《やましな》（京都市山科区）に陣取っている。ちなみに、興福寺側が順慶の死を知ったのは十五日であり、それまでは祈祷がくり返されていた（『多聞院日記』）。ここからすると、順慶の死は当初、何らかの理由で秘匿する予定であったのかもしれない。

十月九日には「筒井四郎」が大坂へ赴き、秀吉へ代替わりの礼をしている（『多

＊圓證寺■順慶の父・順昭の死後、順昭の妻が夫の菩提を弔うために建立したと伝わる。昭和六十年（一九八五）に現在地の生駒市に移転し、境内には順昭の供養塔である五輪塔がある。

『奈良名所八重桜』に描かれた円證寺■個人蔵

聞院日記』)。ここでようやく、四郎＝定次が「筒井」を名乗り、順慶の跡を正式に継いだことが読み取れる(『多聞院日記』)。

葬儀はしばらく行われず、ようやくが執り行われたのは、十月十六日になってからのことである。この日、圓證寺に一時的に土葬されていた順慶の遺骸が掘り起されて、郡山において「野送り」が行われた(『春日社司祐国記』)。

葬儀は西大寺《さいだいじ》の長老が引導し、興福寺衆が参列した。金銀を尽くし、美麗事を尽くすなど、「妄想《もうそう》の所為《しょい》」であったという。群衆が見守る中、輿の後ろに筒井定次、輿の前は中坊丹波が並び、位牌は成身院が持った。「与力・内衆」がことごとく役に就き、*天蓋《てんがい》役は十市新二郎、そのほか数多くの「三具足《みつぐそく》・提灯《ちょうちん》・行器《ほかい》・幡《ばん》・花《か》」が続き、およそ七十人余りが参列している。また、前日より松蔵右近の沙汰により、「大仏殻屋」において、順慶追善のための千部経《せんぶきょう》(同じ経を千人の僧が一部ずつ読む

順慶の墓を安置する五輪塔覆堂■奈良県大和郡山市・筒井順慶歴史公園

順慶堤■川の氾濫から筒井の地を守るため、順慶によって築かれたとされる。佐保川と量川が交差する位置に所在する奈良県大和郡山市

*天蓋■棺の上にかざし、死者の滅罪を願い、極楽往生を願ったもの。

法会）が執り行われた（『多聞院日記』）。
葬儀の詳細については、後年にまとめられたとみられる「順慶陽舜房法印葬送次第目録」（「樫尾文書」）に記されている。そこには「一番」から「二十二番」までの葬送行列が記され、十六番の順慶の龕《がん》（棺）の後に「四郎殿様」、すなわち定次の名が確認できる。

順慶の葬儀が終わると、現在の大和郡山市長安寺町に墓所が移された。この墓所は「御廟所《ごびょうしょ》」と呼ばれ、周囲に堀を巡らせた総面積五町三反の広大な敷地内に、「西寺」という順慶の墓寺があったとされる。すでに寺はなく、順慶の五輪塔を安置する国重要文化財「五輪塔覆堂」が現存するのみである。なお、現在は「筒井順慶歴史公園」として、外観の見学が自由にできるようになっている。

建物の中には順慶を供養する五輪塔や、天正十三年の一周忌に、順慶の遺臣・松田縫殿助ら三十一名によって寄進された石灯籠一基、天保二年（一八三一）に筒井政憲の家臣五名により寄進された石燈籠二基が安置されている。

大和から伊賀への国替え

さて、順慶の葬儀直後の天正十二年（一五八四）十月二十一日、定次は兵を率いて郡山を出発し、東国へと向かった（『多聞院日記』）。これは、羽柴秀吉と徳川家康・

筒井順慶公の碑■筒井の地を水害から守った順慶を顕彰する碑　奈良県大和郡山市

『義烈百人一首』に描かれた筒井定次■※

織田信雄が争った小牧《こまき》・長久手《ながくて》の戦いに際し、秀吉方を支援するために伊勢方面に向かったものといえる。

次いで同十三年三月、定次は大和国衆とともに秀吉による紀州征伐に出陣した。二十一日にはその途上の「泉州城」に攻め入り、「箸尾弟源二郎」らが討ち死にするなど多くの死傷者を出し、苦境に陥ったかに見えたが、定次は二十二・二十三日の両日にわたって根来寺（和歌山県岩出市）や粉河寺《こかわでら》（紀の川市）を放火し、雑賀衆がみな家財を捨てて＊逐《ちく》電《でん》するなど、大きな戦果を挙げた。このときの定次のすばらしい活躍を、秀吉は称賛している（『多聞院日記』）。

秀吉方は四月に紀州を平定すると、その勢いで、今度は四国の長宗我部《ちょうそかべ》元親《もとちか》を討つために兵を進めることとなった。定次率いる大和国衆は、六月二十七日に四国へ出陣し（『多聞院日記』）、八月に長宗我部氏が降伏するまで、四国各地を転戦したものとみられる。

そして、四国征伐と上杉景勝をはじめとする北国の平定を終え、七月に実質上の

長宗我部元親画像■長宗我部国親の子で、国親の跡を継ぎ、長宗我部氏を四国を代表する戦国大名へと押し上げた。しかし、秀吉軍が出兵してくると降伏し、土佐一国の大名として存続した　東京大学史料編纂所蔵模本

＊逐電■ある場所から逃げ去って、ゆくえをくらますこと。出奔。

公家の最高位である関白《かんぱく》に叙任《じょにん》されていた秀吉は、閏八月に近江坂本城で、全所領規模の大規模な国替を行った。そこでは、大坂を中心として、周囲を羽柴一門と近臣で固める方針を取ったことにより、十八日、定次は伊賀への国替を命じられることとなる。『多聞院日記』同日条には、「今暁筒四郎坂本へ越しおわんぬ、当国守護相替わる之由一定〳〵ト云々（後略）」とあり、同十九日条には「今朝筒四郎帰られおわんぬ、伊賀へ仰せ付けられおわんぬ、当国ハ美濃守《（羽柴秀長）》殿御扶持と云々、今日鷹鳥城これを渡すと云々、郡山右往左往也（後略）」とある。

　つまり、定次は伊賀へ国替となり、大和は紀伊・和泉とともに秀吉の弟・羽柴秀長が支配することになり、それと同時に、前年二月に復興された高取城も同日、秀長方へ渡されることとなったのである。これは、興福寺と大和国人衆の関係を根絶し、大和を完全な秀吉領国とする必要があったからであろう。

図9　国替え後の大名配置図

そして二十三日、伊藤掃部助が郡山城を請け取った（「寸金雑録」秀・一五八八）。続いて、『多聞院日記』同二十四日条には、「筒井四郎国衆召し連れ各伊賀へ越しおわんぬ、国衆残り無く国中ヲ追い出されおわんぬ（後略）」とあり、早くも二十四日には、定次は多くの大和国衆を連れて伊賀へ移っている。

こうして、豊臣政権下では大和は羽柴秀長の領国となり、大和における筒井氏の歴史に終止符が打たれたのであった。

以後、筒井家は慶長十三年（一六〇八）に定次が改易され、同二十年に大坂冬の陣に際して豊臣家に内通したという理由により、嫡男の順定とともに自害するにいたった。定次は享年五十四であった。これにより、主家は取り潰しとなってしまう。

一方、順慶の養子とされる筒井順斎《じゅんさい》（父福住順弘・母順慶の姉妹）の系統は江戸幕府の旗本として存続し（『寛政重修諸家譜』）、天保二年（一八三一）に筒井政憲《まさのり》が家臣に命じて、順慶の五輪塔を安置する覆堂内に石燈籠一基を寄進したことが確認できる。

政憲は、ロシア使節プチャーチンが来日した際、大目付《おおめつけ》格として、勘定奉行《かんじょうぶぎょう》の川路聖謨《かわじとしあきら》らとともに交渉に当たり、安政二年（一八五五）の日露和親条約《にちろわしんじょうやく》の締結に尽力した。幕末期の筒井家は、江戸幕府の政治権力の中枢に参画するほどの家柄となっていたのであった。

羽柴秀長画像■奈良県大和郡山市・春岳院蔵

筒井定次の墓■奈良市・伝香寺

第三章 文化への造詣も深かった順慶

■金春座を支援■

順慶は、能楽の金春《こんぱる》・金剛《こんごう》・観世《かんぜ》・宝生《ほうしょう》の四座のうち、奈良を居地とする金春座との関係が深かった。『東園基量卿記《ひがしぞのもとかずきょうき》』元禄十年（一六九七）三月二日条には、順慶が署判して金春家に与えた小面を、霊元《れいげん》上皇が覧じたことが記されている（永島一九五三）。

金春家の伝書『五音《ごいん》』の識語《しきご》には、順慶が金春家から譲り受けて秘蔵していたものを、天正十年（一五八二）正月七日に家臣の稲地秀保《いなちひでやす》へ授けていることが記されている。その他、秀保が順慶から拝領したと伝わる巻子本の謡本三十数巻が、一族の大方氏の子孫宅に伝わっているという。

また、飯田藩主堀家伝来の『金春嘉勝節付百番謡本』（飯田市立図書館蔵）は、その識語により、天正二年から九年頃に金春喜勝が順慶の所望によって調製・進上したものとされている（落合二〇一〇）。

このように、順慶は金春家を支援し、その秘伝書を譲り受けたほか、謡本を収集

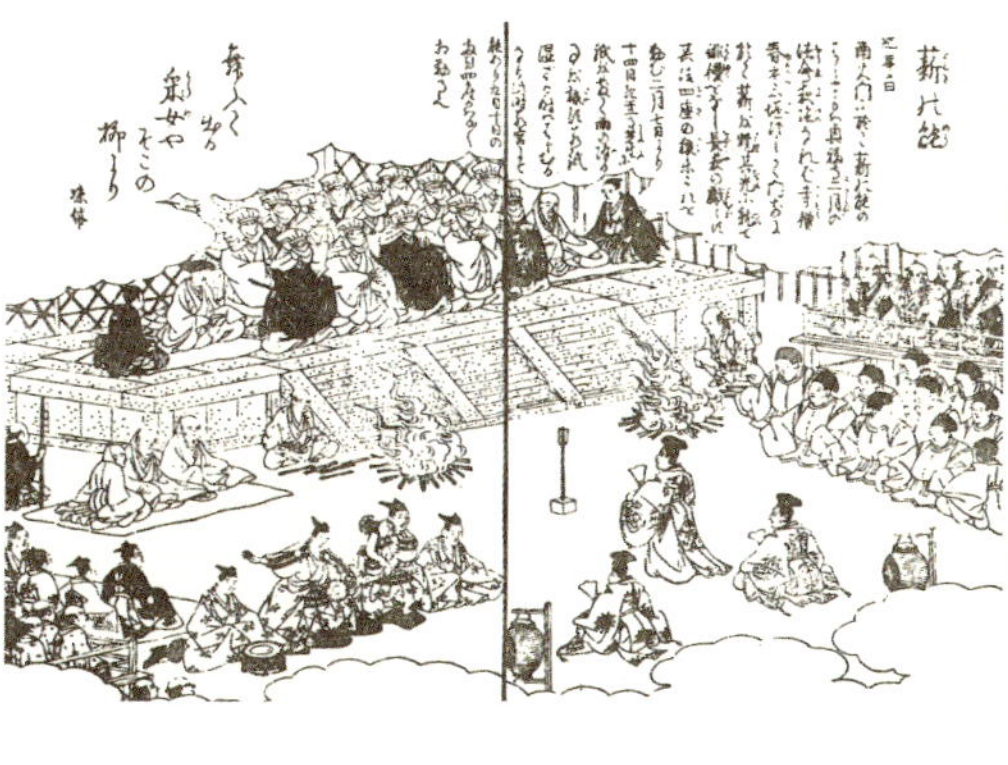

『大和名所図会』に描かれた薪能 ※

し、家臣に対しても能楽を勧めていたことがわかる。

詳しく見ていくと、永禄十年（一五六七）二月十一日、順慶は春日社の薪能《たきぎのう》*1を初めて見物した。このころ、順慶は松永久秀から筒井城を奪回していたことから、芸能に親しむ余裕ができたのであろう。天正四年二月十四日には、能楽三座が春日社で行った薪能を見物している。また、同五年二月七日・同七年二月十二日にも薪能に際し、興福寺二月堂に参籠した。同八年正月九日には、筒井城で能を興行したほか、同九年四月八日から十二日にかけ、信長の命により紀寺（奈良市）において勧進能を興行している（『多聞院日記』）。

このほか、同三年七月十一日、春日社に大神楽《だいかぐら》を奉納するなど（『多聞院日記』）、順慶は芸能への関心が深かったことがわかる。

順慶と茶の湯

能以外では、茶の湯にも高い関心があったようだ。史料上、茶会への参加が十一回確認できる。

天正六年（一五七八）九月三十日、今井宗久《いまいそうきゅう》は織田信長をもてなすために自邸で茶会を開き、順慶は「御供ノ衆」として、その他の信長家臣らとともに参加した（『天王寺屋会記今井宗久茶湯抜書』）。これが、順慶の茶会参加の初見である。この後、

筒井城跡から出土した銅製茶釜の蓋■大和郡山市教育委員会蔵

＊1　薪能■野外に設置された能舞台の周囲にかがり火を焚いて、選ばれた演目を演じる能。春日社とも関係の深い興福寺でおこなわれた薪能が初めてとされる。

同日に開催された津田宗及《つだそうぎゅう》主催の茶会には、茶の湯座敷の外で菓子や酒の接待を受けている（『天王寺屋会記宗及茶湯日記自会記』）。

同七年には、順慶は正月十七日の中坊治部卿宿における茶会、二十日の円明院における茶会、二十二日の塗師屋における茶会に立て続けに参加している（『多聞院日記』）。

同八年四月十六日、「京ノスキシ《（数寄師カ）》順慶ノ師匠」が大和へ下向し、方々で茶会が開催された（『多聞院日記』）。ここからは、順慶が茶人に師事し、茶の湯を学んでいたことがわかる。

十二月二日、順慶は明智光秀が坂本城で開いたとみられる茶会に、津田宗及とともに参加した（『天王寺屋会記宗及茶湯日記他会記』）。これは、順慶と光秀の良好な関係を示しているものといえる。

同十一年正月二十六日、順慶は松屋久政《まつやひさまさ》[*2]を郡山城に招いて茶会を主催した（『松屋会記久政茶会記』）。これが、史料上確実な初見となる順慶による茶会の主催であった。信長の存命期に織田家臣が茶会を開催するには、信長の許可が必要であり、信長の死後は、羽柴秀吉もその方針をひとまず踏襲していた。すなわち、この茶会は秀吉から茶会の開催を許された「ゆるし茶湯」であり、秀吉は本能寺の変後における織田家の主導権争いにおいて、順慶の取り込みを図ったものといえよう。八月二十五日は中坊、二十六日には興福寺成身院における茶会に参加している（『多聞

＊2　松屋久政■奈良の塗師の家に生まれ、当時を代表する茶人の一人。村田珠光の茶風を伝承したとされる。

筒井城内にあったとされる井戸■順慶はこの井戸の水で茶の湯を楽しんだという。残念ながら現在は埋められてしまい、痕跡もない『大和名所図会』※

院日記』）。十月十九日には、秀吉の主催による大坂城での茶会に初めて招かれ、高《たか》山《やま》右《う》近《こん》・蒲生《がもう》氏郷《うじさと》とともに参加している（『秀吉様於大坂御唐物揃之事』）。

同十二年正月十六日、順慶は中坊法眼・久政を郡山城に招いて茶会を主催した（『松屋会記久政茶会記』）。これが、順慶最後の茶会になったと考えられる。

なお、順慶の名物茶器として、「井戸茶碗」がよく知られている。これは、朝鮮《ちょうせん》李《り》朝《ちょう》時代前期頃（十六世紀）の高麗《こうらい》茶碗で、のちに秀吉に献上されている。現在は、「陶製茶碗〈銘筒井筒〉」の名称で、国重要文化財に指定されている。

このほか、順慶が所有していたと伝わる「古瀬戸肩衝茶入 銘筒井」が徳川家康・徳川義直《よしなお》（尾張徳川家初代）の手に渡り、現在、徳川美術館に所蔵されている。

また、同八年三月二十八日、順慶は「ウツホ屋の落葉ト云う茶壺」を金七枚で買い取ったほか、同九年三月十一日、春日社に詣でた際に、金勝院の「真壺」を所望し、同十一年閏正月一日に順慶が成身院に「真壺」を遣わすなど（『多聞院日記』）、茶道具の収集を進めていたことがわかる。

このように、順慶は織田家臣となってから茶の湯を嗜むようになり、秀吉配下となってからは茶会を主催できるようになった様子が読み取れよう。

陶製茶碗〈銘筒井筒〉■個人蔵　国重要文化財　写真提供：石川県教育委員会

【主要参考文献】

朝倉　弘『奈良県史』11（名著出版、一九九三年）
天野忠幸『松永久秀と下剋上』（平凡社、二〇一八年）
天野忠幸編『松永久秀―歪められた戦国の梟雄の実像―』（宮帯出版社、二〇一七年）
落合博志「飯田市立図書館蔵金春喜勝節付百番謡本について―付 喜勝謡本年代考」（『能と狂言』8、能楽学会、二〇一〇年）
片山正彦「筒井順慶の「日和見」と大和国衆」（『地方史研究』三九二、二〇一八年）
金松　誠「戦国末期における筒井城の家臣団在城について」（『筒井城総合調査報告書』、大和郡山市教育委員会、二〇〇四年）
金松　誠「中近世移行期の大和郡山城に関する文献史学的研究」（『大和郡山城』、城郭談話会、二〇〇九年）
金松　誠『松永久秀』（戎光祥出版、二〇一七年）
公益財団法人郡山城史跡・柳沢文庫保存会編『柳沢文庫 平成二十五年度秋季特別展図録　筒井順慶』（二〇一四年）
小竹文生「豊臣政権と筒井氏―「大和取次」伊勢掃部助を中心として―」（『地方史研究』二七九、一九九九年）
柴　裕之『清須会議 秀吉天下取りへの調略戦』（戎光祥出版、二〇一八年）
十文字健「郡山城天守台の発掘調査」（『織豊城郭』第15号、織豊期城郭研究会、二〇一五年）
髙田　徹「椿尾上城」（『図解　近畿の城郭』Ⅰ、戎光祥出版、二〇一四年）
竹本千鶴『織豊期の茶会と政治』（思文閣出版、二〇〇六年）
谷口克弘『織田信長家臣団人名辞典』第2版（吉川弘文館、二〇一〇年）
谷口研語『明智光秀―牢人出身の外様大名の実像―』（洋泉社、二〇一四年）
永島福太郎「戦国大名の教養―筒井順慶と金春能―」（『大和文華』一一、一九五三年）
幡鎌一弘『衆徒の記録から見た筒井氏―筒井順慶顕彰会講演会―』（筒井順慶顕彰会、二〇〇一年）
藤田達生『証言本能寺の変―史料で読む戦国史―』（八木書店、二〇一〇年）

松尾良隆　「天正八年の大和指出と一国破城について」（『ヒストリア』九九、一九八三年）
村田修三　「大和の「山ノ城」」（『政治社会史研究』下、塙書房、一九八五年）
安井久善　「新資料「和田織部宛徳川家康書状」について」（『歴史教育』一三―九、一九六〇年）
安国陽子　「戦国期大和の権力と在地構造―興福寺荘園支配の崩壊過程―」（『日本史研究』三四一、一九九一年）
安田次郎　「筒井氏の「牢籠」と在地支配」（『寺院・検断・徳政』、山川出版社、二〇〇四年）
山川　均　「筒井城」（『近畿の名城を歩く　滋賀・京都・奈良編』、吉川弘文館、二〇一五年）
大和郡山市教育委員会・城郭談話会編　『筒井城総合調査報告書』（大和郡山市教育委員会、二〇〇四年）
籔　景三　『筒井順慶とその一族』（新人物往来社、一九八五年）
和田裕弘　『織田信長の家臣団―派閥と人間関係』（中公新書、二〇一七年）

【基本資料集】

「享禄天文之記」（『平成2年度 奈良女子大学教育研究内特別経費（奈良文化に関する総合的研究）報告書、一九九一年）
『信長公記』（奥野高弘・岩沢愿彦校注、角川書店、一九六九年）
『戦国遺文』三好氏編第一巻～第三巻（天野忠幸編、東京堂出版、二〇一三～二〇一五年）
『増訂織田信長文書の研究』上巻、下巻、補遺・索引（奥野高弘、吉川弘文館、二〇〇七年）
「多聞院日記」一～三（『増補続史料大成』第38巻～第40巻、臨川書店、一九七八年）
『豊臣秀吉文書集』一・二（名古屋市博物館編、吉川弘文館、二〇一五・二〇一六年）
「細川両家記」（『続群書類従』第二十輯合戦部、続群書類従完成会、一九二九年）
「蓮成院記録」（「多聞院日記」五『増補続史料大成』第42巻、臨川書店、一九七八年）

筒井順慶略年表

年号	西暦	筒井順慶に関する主な出来事
天文一八	一五四九	**三月三日?**順慶、生まれる。藤勝と名乗る。**四月二十六日**、父順昭、比叡山に入る。その後、家督を順慶に譲る。
天文一九	一五五〇	**二月二十八日**、順昭、比叡山より帰国する。**六月二十日**、順昭、死去する。
天文二一	一五五二	**二月二日**、順慶、椿尾上城において元服する。**三月二十五日**、順慶及び喜多興能・豊田春賀・井戸藤辰、それぞれ宇陀郡沢房満に書状を送り、両者が懇意になり良好な関係を保つよう誓約書を取り交わす。
天文二三	一五五四	**八月二十三日**、順慶、和泉に援軍を送ったことに対し、三好長慶より謝意を伝えられる。
弘治三	一五五七	**二月四日**、順慶の叔父筒井順政、河内守護畠山高政との間で祝言をあげる。**四月二十五日**、順慶、郡山より陣立てし、越智方へ攻め入り、箸尾黒谷を本陣とする。翌日、貝吹山城へ陣替えする（順慶の初陣）。**十二月二十四日**、順慶、椿尾上城から龍田城へ退き、二十六日に安見宗房の拠る河内飯盛城へ入る。
永禄元	一五五八	**二月二十一日**、順慶、飯盛城から安見宗房とともに奈良に入り、春日社を参詣する。**十一月十九日**、順慶、河内において故・遊佐長教の娘のもとへ婿入りし、翌日に帰国する。
永禄二	一五五九	**八月六日**、松永久秀、大和に侵入する。順慶、久秀により筒井城を攻め落とされ、椿尾上城へ退く。久秀、筒井城を本陣とする。**十月二十二日**、筒井衆、椿尾上城より出陣し、横井を焼き払い、郡山辰巳らと戦う。
永禄三	一五六〇	**四月二十五日**、筒井衆、椿尾上城より出陣し、一ノ院において蔵物米などを取り、その他馬などを取って、ことごとく打ち殺す。**七月二十四日**、筒井方、椿尾上城より出陣し、踊田へ取りかかったが、松永方に敗れる。**十一月二十四日**、松永久秀、大和を一国平均に治めて、信貴山城を居城とする。
永禄五	一五六二	**二月二十二日**、筒井順政、菩提山まで出陣し、夜に椿尾上城へ帰る。
永禄六	一五六三	**四月二十日**、筒井方、信貴山城に三百ほどの軍勢を入れ、翌日には軍勢千五百をもって、松永方の反攻に備える。**五月二十四日**、筒井方、内部の寝返りにより、松永方に信貴山城を攻め落とされる。**五月二十九日**、松永久通、小泉城を攻める。筒井方の与力らが討ち死にする。
永禄七	一五六四	**三月十九日**、筒井順政、和泉堺で死去する。
永禄八	一五六五	**十一月十八日**、順慶、布施城に入る。**十二月十九日**、筒井方の中坊駿河、二千の軍勢を率いて井戸城へ入り、「河州・山城口」へその軍勢を率いて出陣し、南山城の相楽に陣取る。
永禄九	一五六六	**二月二十四日**、松永久通、筒井城へ兵粮を入れる。筒井方、その際に攻撃を仕掛けて、久通の兵が少々討ち死に。多くの負傷者が出る。**六月八日**、順慶、松永方から筒井城を奪い返す。**九月二十五日**、筒井方、五千の軍勢で奈良に攻め上がる。松永方、多聞山城に籠城する。**九月二十八日**、順慶、得度して陽舜房順慶と名乗る。
永禄一〇	一五六七	**二月十一日**、順慶、春日社の薪能を初めて見物する。**四月二十四日**、筒井方・三好三人衆、天満山・大乗院山に陣す。**六月五日**、筒井衆、龍花院方発心院・中蔵院・千手院・大聖院・安養院・谷坊・慈明坊へ陣取る。千手院の上に城を用意する。

（永禄一〇）	（一五六七）	**六月二十七日**、順慶、三好三人衆に松永久秀との和睦を勧める。**十月十日**、松永久秀、三好三人衆を東大寺に攻めて、これを破る。大仏殿兵火にかかる。
永禄一一	一五六八	**五月二十二日**、順慶、篠原長房・三好宗渭を大和へ招く。長房・宗渭、一万五千の軍勢を率い、西京表に陣取る。**五月二十九日**、篠原長房・三好宗渭、軍勢を少々残し、河内に帰る。残った軍勢は奈良中の家に陣取る。**六月二日**、順慶、奈良石切町に城を築く。櫓塀築造のため、奈良中へ人夫役を懸ける。**十月四日**、足利義昭・織田信長、芥川城へ入る。松永久秀・三好義継・畠山高政が礼に参る。久秀、義昭より大和の支配を認められる。**十月五日**、筒井方与力の国人衆十余人、中坊駿河の仲介により足利義昭に礼参したが、織田信長に同心を拒否される。**十月六日**、松永久通、筒井郷へ打ち出で、筒井城の際まで焼く。順慶、堅固に籠城する。**十月八日**、順慶、筒井城を退く。
元亀元	一五七〇	**七月二十七日**、順慶、十市城に入る。**八月二十日**、筒井方、古市郷を焼き、高樋城を築く。順慶、福住に入る。**八月二十三日**、筒井方、竹内秀勝と河内で一戦に及び、高樋まで退く。**十月十三日**、筒井衆、倉荘に入る。松永久秀これを攻撃する。
元亀二	一五七一	**六月十一日**、順慶、足利義昭の養女と婚姻する。**七月五日**、筒井方、櫟本ノ付城を攻め落とす。松永方、筒井城へ退く。**七月二十五日**、筒井方、白土に要害を築く。**八月二日**、筒井方、辰市に要害を築く。**八月四日**、筒井方、辰市合戦で松永方に大勝する。**八月六日**、順慶、松永方から筒井城などを受け取る。**十二月二十一日**、順慶、十市城を攻める。
元亀三	一五七二	**四月二十九日**、筒井足軽衆、大安寺門付近において、多聞衆二百の軍勢と戦う。**五月九日**、順慶、東大寺南大門に陣を置き、尾張衆が多聞山城の北を取り囲む。
天正元	一五七三	**二月二十三日**、順慶、三千余りの軍勢を率いて春日社に参詣し、大神楽・神馬を奉献する。順慶の兵、東は不開門、西は手力雄社に陣取り、松永久通の軍勢と戦う。**十月二十一日**、織田信長、賀茂惣中に対し、順慶と相談して、多聞山城攻めの付城の構築を命じる。
天正二	一五七四	**正月二日**、順慶、岐阜へ向けて出発。岐阜に到着した後、他の織田家臣らとともに年頭の挨拶を行う。順慶、明智光秀の四男を養子とするよう織田信長より命じられる。**三月八日**、順慶、高田・岡・箸尾各氏とともに奈良に入る。**三月十二日**、順慶ら、柴田勝家から人質を入れることを求められたが、高田氏以下はこれに拒否し、多聞山城を後にする。**三月二十三日**、筒井後室、人質として京に入る。**三月二十七日**、織田信長、三千の軍勢を率いて多聞山城に入る。順慶、信長への饗応に当たり、夕飯の支度を担当する。**四月三日**、順慶、織田方による大坂本願寺・河内高屋城攻めにあたり、織田信長より出陣を命じられる。**四月十一日**、順慶、河内へ出陣する。**五月十五日**、順慶、武田勝頼による徳川家康方の高天神城包囲の救援のために織田信長が岐阜から出陣したことに合わせ、京に上る。**七月二十二日**、順慶、十市常陸介と関係を結び、誓紙を取り交わす。**十一月十四日**、順慶・十市常陸介、森屋氏と関係を結ぶ。
天正三	一五七五	**二月二十七日**、順慶、織田信長の養女と祝言を上げる。**三月二十三日**、塙（原田）直政、織田信長より大和守護に任じられる。**五月十七日**、順慶、長篠の戦いに合わせて、鉄砲衆五十余りを合力として岐阜へ派遣する。**八月九日**、塙直政率いる大和・山城国衆、越前一向一揆攻めのために出陣し、筒井勢もこれに加わる。

天正四	一五七六	**五月十日**、順慶、織田信長より「和州一国一円」の支配を任される。**六月二十九日**、順慶、織田信長より多聞山城の建物の京都移転に対し、馳走するよう命じられる。
天正五	一五七七	**二月二十二日**、順慶・大和衆、滝川一益・明智光秀・丹羽長秀・細川藤孝とともに、紀伊の雑賀一揆の平定のため、和泉から浜手方面への進軍を担う。**三月一日**、筒井勢、織田信長の命により、滝川一益・明智光秀・丹羽長秀・蜂屋頼隆・細川藤孝・若狭衆とともに、鈴木重秀の居城を攻撃する。**六月一日**、順慶、多聞山城の高矢倉を安土城へ移動させるよう織田信長より命じられる。**八月十五日**、順慶、先に帰順した雑賀一揆が反旗を翻したため、増援のため和泉久米田に着陣する。**十月一日**、順慶、反旗を翻した松永久秀・久通父子討伐のため、織田方の細川藤孝・明智光秀らとともに松永方の森・海老名氏が籠もる片岡城を攻め、自害に追いやる。続いて、柳本・黒塚も仲間割れし、久通は柳本衆の裏切りにより自害に及ぶ。**十月十日**、織田信忠の命で佐久間信盛・羽柴秀吉・明智光秀が信貴山城へ攻め上る。松永久秀、防戦するも弓折れ、矢尽きたため、「天主」に火を懸け焼死する。**十月二十日**、順慶、大坂本願寺攻めの付城である森河内城に勤番するよう織田信長より命じられる。
天正六	一五七八	**正月十四日**、箸尾氏、順慶に帰順する。**四月二十七日**、順慶・大和国衆、播磨へ出陣する。**六月二十七日**、順慶、織田信忠らによる神吉城攻めに際し、滝川一益・稲葉一鉄・蜂屋頼隆・武藤舜秀・明智光秀・氏家直通・荒木村重らとともに激しく取り寄せる。**八月二十二日**、順慶、播磨より丹波に転戦し、この日帰国する。**九月三十日**、今井宗久が自邸で開いた織田信長をもてなす茶会が開催される。順慶、「御供ノ衆」として、その他信長家臣らとともに参加する。同日に開催された津田宗及主催の茶会には、茶の湯座敷の外で菓子や酒の接待を受ける。**十月七日**、順慶、戒重・大仏供氏の征伐のため、十市城へ出陣する。**十月九日**、順慶、吉野一向衆攻めに出陣し、吉野郷の方々を焼く。**十月十一日**、順慶、上市・下市・飯貝以下を悉く焼き払う。**十月二十八日**、順慶、下市に一城を構え人数を入れ置き、この日に陣を改める。**十二月十一日**、順慶、佐久間信盛・明智光秀とともに羽柴秀吉の援軍のために播磨へ出陣するよう織田信長より命じられる。順慶ら、摂津有馬郡の三田城攻略のために道場河原・三本松の二か所に「足懸り」を築き、ここに秀吉の軍勢が入る。ついで、播磨へ入り、別所長治が籠もる三木城の周囲を取り囲む「取出城々」に対し、兵粮・鉄炮・玉薬の補給や普請などを行う。
天正七	一五七九	**四月十日**、順慶、丹羽長秀・山城衆とともに播磨へ出陣する。**八月一日**、筒井城へ多聞山城の石が運びこまれる。**十月十五日**、順慶、有岡城攻めにおける戦闘により、筒井方の鷹山・塩屋采女・別所左馬介・和田吉太夫以下が討死する。
天正八	一五八〇	**三月二十八日**、順慶、「ウツボ屋の落葉卜云う茶壺」を金七枚で買い取る。**閏三月十七日**、順慶、大和国中の諸寺の梵鐘を徴し、鉄砲を鋳る。この日、大乗院の鐘を取る。**八月三日**、大和国中の諸城を破却することとなる。**八月十七日**、筒井城を破却する。大和の城は郡山城だけを残す。**八月二十日**、国中の破城、ほぼ完了する。郡山城は順慶へ下されることとなる。**九月二十六日**、織田信長より、大和指出検地が命じられる。**十月二十三日**、指出検地がほぼ完了する。**十月二十八日**、順慶、戒重・岡・大仏供・高田・吉備氏らを処刑する。**十一月七日**、順慶、郡山への入城及び国中一円支配の安堵の織田信長朱印状を使者から渡される。**十一月十二日**、順慶、郡山城へ入る。**十一月二十四日**、順慶、郡山辰巳父子を自害させる。**十二月二日**、順慶、明智光秀が坂本城で開いたとみられる茶会に津田宗及とともに参加する。

天正九	一五八一	**二月二十八日**、織田信長、五畿内隣国の「大名・小名・御家人」を召し寄せて、駿馬を集め、京都において馬揃えを行う。正親町天皇が叡覧のもとで執り行われ、三番目に明智光秀並びに大和・上山城衆が馬場入りする。**四月八日**、順慶、織田信長の命により、十二日までの五日間、奈良木寺（紀寺か）において勧進能を興行する。**六月三日**、順慶、吐田氏を自害させる。**六月十五日**、順慶、吐田氏の所領約千石を織田信長から宛行われ、その礼として坂本にいる信長のもとを訪れる。**八月十九日**、明智光秀が百人ほどを引き連れ、郡山城普請の見舞に訪れる。**八月二十七日**、順慶、前年十月に自害した岡弥次郎政行の後室であった布施氏の娘を養女とし、明智光秀の取り成しで、箸尾氏へ嫁がせる。**九月三日**、順慶、伊賀攻めへ出陣する。大和からは宇陀郡衆が南伊賀へ、順慶は畑口へ向かい、福住大将が南方衆を率い、黒田峠（笠間峠）から名張へ打ち入る。**九月十四日**、順慶、和談により、伊賀の二十城余りを請け取る。十七日頃には伊賀一円がほぼ落居し、諸城を破却する。その際、順慶は「春日山」に逃散した一揆衆を、山中を捜索の上、大将分七十五人、その他の数多くの者共を切り捨てる。
天正一〇	一五八二	**正月一日**、順慶、箸尾・越智氏を引き連れて、安土城を訪れ、明智光秀・松井友閑に続いて、織田信長に対し年頭の挨拶を行う。**正月七日**、順慶、金春家から譲り受けた金春家伝書『五音』を家臣稲地秀保へ授ける。**二月九日**、順慶、武田勝頼攻めに際し、大和の軍勢を召し連れて出征するよう内々でその準備をすること、ただし高野山方面在陣の諸将は少し残し、吉野口の警固をするよう、織田信長より命じられる。**三月初旬**、順慶、武田勝頼攻めへ出陣する。**六月二日**、順慶、朝に京へと向かう。織田信長が西国へ出陣することとなり、すでに安土へ帰ったとのことを聞き及び、途中から郡山へ引き返す。信長、早暁に本能寺にて明智光秀の謀叛に遭い、自害する。**六月三日**、大和国衆、ことごとく大安寺・辰市・東九条・法華寺辺りに陣取る。**六月四日**、南方衆及び山城槙島城主井戸良弘の一部の軍勢、光秀方に立ったという。**六月五日**、前日に山城へ出陣した軍勢が早くも退く。南山城の木津氏が順慶へ申し合わせる。先日山城へ出陣した筒井の軍勢が近江へ到着し、光秀と手を合わせ、順慶が明智光秀に味方したと伝聞される。**六月九日**、筒井の軍勢による河内への出陣が延引され、郡山城へ塩と米が搬入される。**六月十日**、山城へ出陣していた筒井方の軍勢が大和へ帰国する。光秀は順慶のもとへ使者藤田伝五を派遣し、帰順を説得したが、順慶はこれを拒否する。順慶家臣和田織部、徳川家康の帰国に際し高見峠越えを案内したことに対し、家康より謝意を伝えられる。**六月十一日**、順慶、羽柴秀吉に応じる。これに際して、郡山城に国中の与力が集まり、血判起請に押印し、団結を図る。**六月十三日**、順慶、織田信孝より、「上山城口」へ出陣するよう命じられる。合わせて、羽柴秀吉・丹羽長秀より、山城に出陣するよう要請される。**六月十四日**、明智光秀に加担して槙島城を守っていた井戸良弘が筒井方に城を明け渡すこととなり、井戸重郎の軍勢や南方衆の越智・楢原・万歳以下の軍勢が山城へと向かう。**六月十五日**、順慶、一千ほどの兵を率いて出陣し、総勢六・七千人の筒井軍が醍醐へ着陣するが、羽柴秀吉から叱責を受ける。**七月七日**、順慶、羽柴秀吉より「和州一国一円」の支配を安堵される。**七月十一日**、順慶、羽柴秀吉の大和取次を務めることとなった伊藤掃部助に超昇寺を渡すとともに、養子小泉四郎（筒井定次）を人質に差し出す。

（天正一〇）	（一五八二）	**七月二十八日**、伊賀の地侍とみられる侍牢人衆が伊賀に隣接する山辺郡畑に進出し、城を築いたことから、この日、筒井方が松蔵弥八郎・井上九三郎以下一千ほどの軍勢で出陣し、これらを追い払う。**九月二十六日**、順慶、羽柴秀吉の拠る山崎に向かい、羽柴秀吉への忠誠を誓い、翌日帰国する。**九月二十九日**、順慶、興福寺成身院において、僧位「中臈」の地位に就く。**十月二十三日**、順慶、「五畿内之衆」の一員として、羽柴秀吉から山崎へ呼び寄せられる。**十月二十五日**、順慶、根来寺が和泉の知行裁定を不服としたことから、先勢として中村一氏・伊藤掃部助・順慶・浅野弥兵衛・若江三人衆・羽柴秀次・三好康長らとともに出陣するよう、羽柴秀吉より命じられる。**十一月五日**、大和国衆、長浜城に拠る柴田勝家の養子勝豊を攻めるため、近江国へ出陣し、羽柴秀吉へ合力する。**十一月二十三日**、順慶、成身院において、僧位の最上位「法印」に転任する。**十二月十三日**、順慶、佐和山城から南へ一里に位置する「ヒラタ」に陣取る。まもなく、柴田勝豊は和談によって人質を出し、羽柴秀吉へ同心する。**十二月十八日**、順慶、織田信孝の拠る岐阜城攻めのため垂井に陣替えする。
天正一一	一五八三	**正月二日**、順慶、山崎へ向かい、羽柴秀吉に年頭の挨拶を行う。**正月二十六日**、順慶、松屋久政を郡山城に招いて茶会を主催する。**閏正月四日**、順慶、三法師の拠る安土へ出発し、羽柴秀吉とともに礼参する。**閏正月二十九日**、順慶、近江へ出陣する。**四月二十二日**、郡山城の「天主」が完成する。**四月二十四日**、順慶、織田信雄より、沢・秋山氏が再度反旗を翻した織田信孝に味方し、信雄家臣の滝川友足（雄利）が伊賀で苦戦していることから、二・三千人の軍勢を率いて救援に向かうよう要請される。**十月十九日**、順慶、羽柴秀吉主催による大坂城での茶会に初めて招かれ、高山右近・蒲生氏郷とともに参加する。**十一月十三日**、順慶、春日社造営段銭を大和に賦課する。**十二月二十日**、先に、順慶、大和国に徳政を行う。**十二月二十九日**、羽柴秀吉の命により、筒井氏同名の福住、内衆の松蔵弥八郎ら十一人が大名に召し定められ、松蔵弥八郎は越智へ、中坊飛騨は畑へ所領を与えられる。
天正一二	一五八四	**正月十六日**、順慶、郡山城において中坊法眼・松屋久政を招いて茶会を主催する。**二月二日**、羽柴秀吉、伊賀の木材を購入しようとして、順慶に奈良でその木材の売買を禁じさせる。**二月上旬**、順慶、高取城を復興させる。**二月十一日**、順慶、大坂に宿を設け、この日大坂へ越す。**三月十三日**、羽柴秀吉、丹羽長秀に対し、畿内周辺の情勢を伝える。順慶、秀吉の命により、伊藤掃部助とともに宇陀表へ向かい、沢氏・秋山氏から人質をとり、両者を伊勢への戦いに派遣することとなる。順慶、大和衆を率いて近江へ出陣する。**三月二十二日**、順慶、羽柴秀長らとともに伊勢松ヶ島城を包囲する。**四月三日**、筒井勢、松ヶ島城二ノ丸を攻め取る。**四月十日**、順慶、八日に松ヶ島城が落ちたことから、尾張へ向かうこととなる。この日、近江日野付近へ着陣する。翌日、羽柴秀長とともに尾張に到着する。**七月七日**、順慶、小泉四郎を人質として大坂に送る。**八月十一日**、順慶、病気により死去する。奈良圓證寺に葬られる。**十月九日**、筒井定次、大坂へ行き羽柴秀吉へ「代替ノ礼」をする。**十月十六日**、郡山において、順慶の葬儀が営まれる。

【著者略歴】

金松　誠（かねまつ・まこと）

1977年生まれ。

奈良大学大学院文学研究科文化財史料学専攻博士前期課程修了。

現在、三木市立みき歴史資料館主任。

著書に、『松永久秀』（戎光祥出版）、『三木合戦を知る』（三木市教育委員会）、『三木城跡及び付城跡群総合調査報告書』総括編（三木市教育委員会）。論文に、「松永久秀について」（『織豊系城郭の成立と大和』、大和中世考古学研究会・織豊期城郭研究会）、「大和高取城に関する文献史学的研究」（『大和高取城』、城郭談話会）、「戦国末期における筒井城の家臣団在城について」（『筒井城総合調査報告書』、大和郡山市教育委員会）、「戦国期における大和口宇陀地域の城館構成と縄張技術」（『城館史料学』6、城館史料学会）、「播磨三木城攻めの付城群」（『織豊城郭』13、織豊期城郭研究会）、「織豊系城郭の陣城」（『織豊系城郭とは何か－その成果と課題－』、サンライズ出版）ほか多数。

シリーズ・実像に迫る 019

筒井《つつい》順慶《じゅんけい》

2019年3月1日初版初刷発行

著　者　金松　誠

発行者　伊藤光祥

発行所　戎光祥出版株式会社

〒102-0083 東京都千代田区麹町1-7 相互半蔵門ビル8F

TEL：03-5275-3361（代表）　FAX：03-5275-3365

https://www.ebisukosyo.co.jp

編集協力　株式会社イズシエ・コーポレーション

印刷・製本　日経印刷株式会社

装　丁　堀　立明

ISBN：978-4-86403-314-5